# 一句顶万句
# 幽默沟通

林立文 —— 编著

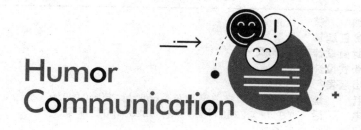

Humor
Communication

远方出版社

图书在版编目（ＣＩＰ）数据

幽默沟通 / 林立文编著. -- 呼和浩特：远方出版社，
2023.6
（"一句顶万句"系列）
ISBN 978-7-5555-1615-6

Ⅰ．①幽... Ⅱ．①林... Ⅲ．①人际关系 - 语言艺术 -
通俗读物 Ⅳ．①C912.13-49

中国国家版本馆CIP数据核字(2023)第100597号

## 幽默沟通
### YOUMO GOUTONG

| | | |
|---|---|---|
| 编　　著 | 林立文 | |
| 责任编辑 | 孟繁龙 | |
| 封面设计 | 小乔图案 | |
| 版式设计 | 曹　弛 | |
| 出版发行 | 远方出版社 | |
| 社　　址 | 呼和浩特市乌兰察布东路666号　邮编010010 | |
| 电　　话 | （0471）2236473总编室　2236460发行部 | |
| 经　　销 | 新华书店 | |
| 印　　刷 | 天津中印联印务有限公司 | |
| 开　　本 | 880毫米×1230毫米　1/32 | |
| 字　　数 | 141千字 | |
| 印　　张 | 7.5 | |
| 版　　次 | 2023年6月第1版 | |
| 印　　次 | 2023年9月第1次印刷 | |
| 印　　数 | 1—8000册 | |
| 标准书号 | ISBN 978-7-5555-1615-6 | |
| 定　　价 | 38.00元 | |

很多人认为，沟通的本领与生俱来，不需要多学就可以实现与人顺畅地沟通。但我们也会发现，身处同样的环境，有的人人缘好、职场顺、爱情甜，有的人则交友不顺，事业失利，爱情和婚姻也不顺。

这是为什么呢？很简单，有的人能沟通，却不善沟通。他们只知道简单地与人交谈，却不懂得沟通的技巧，更没有找到增强个人魅力、实现美好人生的口才秘诀。其中一个重要秘诀就是幽默。

幽默是一门语言技巧，更是一种神奇的力量。学会幽默沟通，我们可以提升个人魅力，赢得他人的尊重和欢迎，还可以把快乐和幸福带给他人，驱赶他人内心的苦闷；学会幽默沟通，我们可以让语言变得妙趣横生，用生动风趣的表达来代替枯燥、无聊的陈述，增添生活的趣味；学会幽默沟通，我们可以用三言两语摆脱麻烦，化解尴尬和冲突；学会幽默沟通，我们可以把自己的想法恰当地传递给对方，或是化解误会，或是表达心意，或是机智拒绝，进一步实现自己的目的……

可以说，幽默是一种高超的沟通技能，一种智慧的表达，无论社交、职场还是家庭，都离不开它。所以俄国文学家契诃夫说："不懂得开玩笑的人是没有希望的人！这样的人即使额高七寸、聪明绝顶，也算不上真正有智慧的人。"

需要注意的是，幽默沟通不是简单地说说笑话、讲讲段子，这些只是投机取巧。幽默沟通也不是哗众取宠，故意宣扬自己所谓的幽默细胞，想尽办法引他人发笑，这样只会让人厌弃和远离。

真正的幽默是一种人生态度，是一种高品位的情感活动和审美活动。幽默沟通虽然需要技巧，但它主要源自我们内心的真诚、乐观、豁达。正因为如此，真正具有幽默感的人，可以妙语连珠，逗得别人捧腹大笑，而不会不分场合胡乱与别人开玩笑；真正具有幽默感的人，可以乐观地自嘲、自我调侃，而不会嘲笑、贬低他人。

如果我们想要获得美好的人生，就要努力增加自己的幽默细胞，掌握幽默沟通的技巧！当我们拥有了幽默的智慧，找到了幽默沟通的诀窍，无论走到哪里，都会有强大的气场和吸引力。

本书从幽默沟通的意义、幽默沟通的诀窍、把握幽默沟通的分寸，以及如何利用幽默在社交、职场、爱情、家庭等方面让自已游刃有余等一系列问题出发，阐述了幽默沟通的学问和技巧。同时精心挑选上百个幽默小故事，将故事和说理融为一体，旨在帮助读者打开认识幽默、运用幽默的大门，做一个生动有趣、充满个人魅力的幽默达人。

# 目 录

**第一章 给生活加点料：幽默越给力，人生越惬意**

幽默感十足，前途畅通无阻 / 002

有趣的人，更容易机遇临门 / 007

幽默信手拈来，任何场合都不发怵 / 011

一辈子很长，要和有趣的人在一起 / 015

幽默降临时，争执和冲突就会遁形 / 019

当问题出现，用幽默的方法来应对 / 023

善于自嘲的人，幸福感更强 / 027

笑脸相对，给对方一个漂亮的反击 / 031

**第二章 为幽默找门道：幽默有绝技，会用才有趣**

有幽默的地方，少不了夸张 / 036

让悬念迭起，让"包袱"飞起 / 040

话中有话，一语双关让人折服 / 044

以谬还谬，反驳他人还得把人逗笑 / 048

有一种幽默，叫装糊涂 / 052

正话反着说，效果就是不一样 / 057

逗趣的模仿，让人啼笑皆非 / 061

出人意料，"笑果"会更好 / 065

第三章　把分寸拿捏好：幽默不是搞笑，逗趣不能胡闹

拒绝庸俗，幽默是门高雅艺术 / 070

玩笑应该是善意的，否则就不好笑了 / 073

想要顽皮，还得看对象 / 077

不分场合的幽默，叫瞎扯 / 081

过犹不及，玩笑不要开得太多 / 085

幽默要讲素质，不拿别人的缺陷做笑点 / 089

幽默不在于话多，而在于能否把人逗笑 / 093

第四章　让社交更有效：幽默强化魅力，人缘越来越好

每一个社交达人，都是幽默高手 / 098

得体的幽默，能提升你的魅力指数 / 102

说话越幽默，越有亲和力 / 106

幽默三两句，瞬间拉近心理距离 / 110

谈判也幽默，轻松搞定合作 / 113

趣味思考，轻松为自己打圆场 / 116

幽默地拒绝，让人愉快地接受 / 119

## 第五章　做职场开心果：展现圆融能力，搞定工作关系

职场离不开幽默 / 124

风趣的自我推销，让你职场步步高升 / 128

平时说说俏皮话，同事关系更融洽 / 132

机智地提意见，维护别人脸面 / 136

幽默地妥协，沟通才不会陷入僵局 / 141

上司都喜欢幽默的下属 / 145

幽默地认错，更容易被原谅 / 149

灵活应对，巧妙化解客户不满 / 153

## 第六章　当爱笑的领导：跟下属打成一片，管理不再难办

做好管理，少不了幽默的智慧 / 158

增强自身亲和力，只需一点幽默元素 / 162

带着幽默沟通，上下交流很轻松 / 166

用幽默说服下属，让其心服口服 / 169

有趣的批评，有效还不伤感情 / 174

有幽默感的领导，更有人情味 / 177

第七章　让爱情更美妙：说话多用点心，获取一颗芳心

搭讪不招人烦，幽默来牵红线 / 182

说好第一句话，好感瞬间提升 / 186

别出心裁的表白，爱情的小花刹那盛开 / 189

会点打情骂俏，爱情永不滑坡 / 194

化干戈为玉帛，用幽默化解争吵 / 198

赞美的话带点幽默，让对方飘起来 / 202

技术性吃醋，爱情就应该酸酸甜甜 / 205

第八章　与家人乐陶陶：开门七件事，没有幽默不成日子

要想家庭融洽，少不得幽默润滑 / 210

亮出幽默感，不再吵翻天 / 213

教育"熊孩子"，幽默更有效 / 217

幽默式沟通，哄好"老小孩" / 220

家务轮流做，幽默来帮腔 / 224

幽默是最好的"安慰" / 228

# 第一章 给生活加点料

幽默越给力，人生越惬意

- ☑ 幽默感十足，前途畅通无阻

- ☑ 有趣的人，更容易机遇临门

- ☑ 幽默信手拈来，任何场合都不发怵

- ☑ 一辈子很长，要和有趣的人在一起

- ☑ 幽默降临时，争执和冲突就会遁形

- ☑ 当问题出现，用幽默的方法来应对

- ☑ 善于自嘲的人，幸福感更强

- ☑ 笑脸相对，给对方一个漂亮的反击

## 幽默感十足，前途畅通无阻

幽默不但能让人快乐，而且可以创造成功的机会。原因很简单，具有幽默感的人，灵活机智、善于变通，具有应对困难和冲突的能力，还拥有高情商，总能保持良好的心态，消除工作和家庭中的不快。此外，具有幽默感的人亲和力十足，总能利用自己的风趣幽默，缩短人际交往距离，赢得别人的好感和信赖。

这里有一个有趣的故事，可以让我们从中体会到幽默的价值——幽默的谈吐，很容易让气氛变得轻松，消除紧张或敌对情绪。当气氛变得轻松了，别人会更容易接受你，从而出现意想不到的机会。

一名硕士去参加一场大型招聘会，他学历不低，成绩也不错，但缺乏经验，因此遭到了不少招聘方的拒绝。他知道自己如果只是简单地投递简历，询问对方是否缺人，恐怕很难引起注意。因此，他决定改变策略。

他来到一家杂志社的展台，问："请问，你们需要编辑吗？我是××大学硕士毕业……"

杂志社展台负责人客气地回答："不好意思，我们的编辑岗位已经招满了。"

他又问："那么记者呢？"毫无意外，他仍得到了否定的答案。

他没有离开，继续问："是不是你们所有的岗位都已经招满了？"

对方好像有点不耐烦了，回答说："是的，我们现在什么人都不需要。"

换作其他人可能会尴尬地离开，可这个年轻人没有这样做。他机智地拿出笔和纸，迅速地写了一些东西，然后对对方说："既然如此，我觉得您需要这个东西，如此一来，今天就不会有人像我一样不断打扰您了。"

那个负责人接过一看，只见白纸上写道："招聘已经额满，暂不雇用任何岗位的工作人员。"负责人看完后笑道："没想到你还挺幽默！"随后，他思考了一会儿，继续说："我觉得你挺机智、乐观，很适合我们杂志社的工作。我们编辑、记者的岗位确实招满了，但广告部还有几个名额，如果你感兴趣，我可以为你推荐一下。"

年轻人立即点头表示感兴趣，抓住了这一难得的机会。

从案例可以看出，这个年轻人机智过人，善于用幽默平衡理想与现实间的矛盾，他成功的机会也必将比别人多一些。

幽默能够制造快乐，更是一种智慧的体现。西方发展心理学明确指出，幽默感不是一种单一的能力，而是一系列认知能力的综合体现。一句看似简单的话语，却体现了一个人的高智商、高情商，更体现了其语言能力、想象力、创造力和解决问题的能力。

不管在职场还是生活中，幽默感十足的人总是处处受人欢迎。相反，没有幽默感的人或许拥有成功的能力，但却可能因不善言辞、缺乏幽默而处处碰壁。

这是因为，没有人会喜欢呆板、死气沉沉、没有活力的人，即便他的智商很高，能力非常卓越，和这样的人待在一起，气氛是压抑的，沟通是困难的。

举个例子，你和他开善意的玩笑，他却看不到你的笑点；你极力想要调动气氛，拉近彼此间的关系，他却觉得你是别有用心；你乐观地调侃自己，以避免不必要的尴尬，他却觉得你没心没肺……

　　小李的同事不久前买了新房，几个关系不错的同事前去参观，并祝贺他乔迁之喜。小李也去了。吃完饭后，大家一起闲聊，自然聊到房价高的问题，有个人开玩笑地说："现在的房价还不算高，至少我们还有机会坐在××的房子里聊天。"

　　大家听了这话都乐了。小李却突然愤怒地大声说："你是不是盼着房子涨价？难道你现在买得起房吗？"大家顿时都愣住了，气氛变得异常尴尬。

　　还有一次，小李换上新买的衣服，鞋子擦得锃亮，打扮得非常精神。一位喜欢开玩笑的同事调侃他道："呀，小李，今天打扮得这么精神，难道是要相亲吗？要不就是要升职了！"谁知他却面无表情地回答："关你什么事！"

　　类似的事情还有不少，小李好像缺了一根筋，总能破坏气氛，让别人陷入尴尬的境地。

　　渐渐地，同事们都开始疏远他。在这种情况下，小李的职场发展前景自然堪忧。

　　所以，一个人的前途是否畅通，不仅要看他是否有能力、有才华，还要看他是否善沟通、会表达。

不善沟通，很可能会被视为低情商、不会做人做事，如此一来，前途又怎会好呢?

虽然有幽默感的人不一定都能成功，但不可否认的是，有幽默感的人比没有幽默感的人更容易获得成功的机会。

# 有趣的人，更容易机遇临门

正如有句话说：好看的皮囊千篇一律，有趣的灵魂万里挑一。有趣的人，在任何场合都能让人变得轻松快乐，放下紧张或敌对的情绪。

如果我们能够学会用幽默的方式和人沟通，或幽默寒暄，或讲一些诙谐的小笑话，营造轻松的谈话氛围，对方就会慢慢打开心扉，而我们赢得朋友、获得成功的可能性也将大大增加。

小方不久前应聘成为一名销售员，主要任务是推销一款太阳能热水器。他有工作的热情，也有吃苦的毅力，无奈经验不足，业绩总是不太理想。他不明白自己已经把那些推销话术背得滚瓜烂熟，也将产品研究得很透彻，为什么客户就是不买账呢？

　　为了解除内心的疑惑，小方找到销售经理，伤心地吐着苦水："我已经很努力了，白天忙着联系客户，晚上反思和提升自己，为什么就是不成功呢？难道我真的不适合做销售？"

　　销售经理详细地了解了小方与客户沟通的细节，笑着说："你对业务掌握得已经很熟练了，只是缺少点沟通技巧。"

　　小方不解地说："可是我已经熟练运用那些推销话术了……"

　　"这不是推销话术的问题，"销售经理一针见血地说，"而是你是否能在推销前让客户接受你、喜欢你。见到客户时，不要急着询问'请问您需要一款太阳能热水器吗？'而是利用寒暄活跃气氛，利用幽默拉近关系。当你的幽默感染了对方，让对方觉得你是个有趣的人，即便你不主动询问，他也会愿意购买你的产品。"

　　小方继续问："那如何幽默地寒暄呢？"

　　销售经理笑着说："很简单，让自己的话语变得诙谐有趣，能引人会心一笑。比如与客户见面，不要总是说'最近好吗''今天天气不错'，这些过于平淡的问候已经很落伍了，而且显得无趣。加一点幽默的话语，比如'今天您的气色真不错，是不是有什么喜事？人们不都说人逢喜事精神爽吗？''因为我们今天要见面，天气都变好了！'是不是可以马上拉近彼此的距离呢？"

原来如此，小方终于明白，好的销售不只是精通话术，口若悬河地与客户谈论，关键在于能否利用幽默打动客户。

没什么能比幽默更快地与客户建立起良好的关系了。在沟通中加点幽默的成分，会加深客户的印象，使交谈变得更加顺畅、愉悦。谈话顺利了，成功的概率自然也会大大提升。

因为每个人都愿意接受自己喜欢的人或事，接近让自己快乐的人。而幽默就是这样一种神奇的东西，它能让你变得有趣，并且让他人乐于接受你。

一位男士到商场买衣服，当他经过一家新开张的理发店时，店员热情地招呼道："先生，我们店新开业，理发洗发都有很多优惠，您进来看看吧！"

这位男士是一位幽默感十足的人，听了店员的话，他摘下帽子，指着自己的头顶说："我头上有几根头发数都数得过来，你觉得还需要理发吗？"他有些秃顶，头发确实不是很多。

这个店员并没有感到尴尬，而是笑着回答："如果您把头发理短一些，再戴上帽子，我想别人想数也没得数了。"

听了店员的话，男士哈哈大笑起来，随即走进理发店。

　　这位男士本来不想理发，因为他觉得用帽子盖住自己少得可怜的头发就可以了，那他后来为什么又想要理发了呢？这就是幽默的作用。男士幽默地调侃自己，说自己的头发数都能数得过来，以此表示拒绝；店员则顺着他的话说，幽默地给出一个理发的理由，成功使男士改变了主意。退一步说，就算这位男士最后还是不想理发，也会对店员有一个深刻的印象。

　　生活中，机会可遇而不可求，当机会来到你的面前，如果你因为不善沟通，不能巧妙地"推销自己"而丧失机会，是不是太可惜了？在这个竞争激烈的时代，我们要学会善用幽默，让自己成为一个有趣的人，这样便能引起他人的注意，让机会主动找上门来。当然，我们所说的幽默不是做作和卖弄，更不是取巧和搞笑，而是一种发自内心的乐观和智慧。

# 幽默信手拈来，任何场合都不发怵

生活中，突发事件时有发生，令人防不胜防，比如一句不合时宜的话，让身边的人陷入尴尬，影响到交谈的气氛；别人的故意刁难，可能让我们陷入进退两难的境地；一个不小心得罪了别人，使不必要的冲突一触即发……

确实，这些状况都令人头疼，绝大部分人会因此感到紧张、担心。结果，越紧张头脑越乱，头脑越乱，行动就越容易出现偏差，最终让自己陷入僵局。

小晓刚刚大学毕业，在一家公司做策划工作，她工作能力不错，人缘也很好。有一次，她和同事聊天时听到一个点子，觉得非常新颖且很适合当前项目的主题，于是立即付诸行动完成了策划案。当经理召开策划研讨会时，小晓信心满满地讲述了自己的点子和策划，觉得肯定能得到经理的赞同。

不过，在说点子的时候，她就觉得有些奇怪，因为经理和那个同事看她的眼神都有些奇怪。等她说完，同事才说出了原因："这个点子是经理想到的，之前和我聊了几句，没想到却被你用了。"小晓听了感到前所未有的尴尬，恨不得找个地缝钻进去。她赶紧站起来，讪讪地说："经理，不好意思，我不知道……"

小晓越是急着解释就越紧张，越是紧张就越说不清楚。幸好经理没有为难她，反而好心地为她解围说："没关系，想要有好的策划就必须集思广益。接下来，我们都针对这个点子写个策划案吧，择优录取。说不定你还会胜出呢，毕竟青出于蓝而胜于蓝嘛！"

听了经理的话，所有同事都笑了，小晓也松了一口气。

误用了经理的点子，且大张旗鼓地说出来，确实是一件令人尴尬的事情。若是遇到胸怀不宽广的上司，还可能影响以后的职场发展。在这个案例中，小晓没有做好应对，使局面变得很不利，幸好经理及时解围，给了她一个台阶，才使她不至于出丑。

试想，小晓若能利用幽默自嘲一下，说："我说这个点子为什么这么好呢？原来是经理想出的，我还天真地以为自己无意间捡到了宝……"这样是不是效果更好一些？

幽默是我们生活中的调味料、润滑剂，同时建立在智商和情商之上，是一种不经意间让人化解冲突和尴尬且更受欢迎的能力。它就像生活中的"魔法"，谈笑间化解问题于无形之中。一位著名人类学家说过："幽默的人能缓解糟糕的形式带来的种种沉重，减轻人们的应激反应，从而渡过难关。"

这是因为，有幽默感的人能随机应变，哪怕突然遭遇"事故"，他们依旧能保持乐观从容，利用一些小笑话或是聪明的自嘲，制造轻松气氛，化解各种尴尬的"事故"。

说到有幽默感的人，主持人×××就是不可多得的一位。

×××是综艺节目的领先人物，反应能力和应对能力都是一流的。在舞台上，他能自娱自乐，也善于为他人化解尴尬。

有一次，×××主持一场选秀节目，其中有一个由几位美女组成的团队，向大家展示的才艺是跳一段舞蹈，可能因为过于紧张，舞蹈中出现了几个小失误。

舞蹈结束后，几位美女沉默地站在那里，眼里含着泪花。她们知道，竞争是激烈的，一旦出现失误，很可能面临被淘汰的局面。这个时候，×××走了上来，不紧不慢地说："虽然你们出错了，但没有关系，我主持时也不免会出错。而且我觉得，就是那个失误的动作展现了你们可爱、率真的一面。表演大师卓别林不是说嘛：'全世界最精彩的演出，就是出错的那一次。'这句话用在这里再合适不过了。"

听了×××的话，所有观众都用鼓掌表示同意，几位美女也破涕为笑。

几句简单的话语，既幽默又温暖，不仅给了参赛者一定的信心，还缓解了现场尴尬、紧张的气氛。这就是幽默的作用。

所以，我们需要懂得且做到的是，尴尬时可以脸红，可以紧张，但要学会随机应变，利用语言艺术来调动气氛，如此自然能控制住场面，从容不迫地处理各种问题，化解糟糕的局面。

# 一辈子很长，要和有趣的人在一起

"一辈子很长，找个有趣的人在一起。"其实，不管一辈子长不长，人们都喜欢和有趣的人在一起。

一个有趣的人，他的智商不一定有多么高，但他的情商一定足够高，说话带有趣味。一个有趣的人，他不一定有多么深厚的学识，但他的内心一定是丰富的，具有足够的吸引力。和这样的人交往，你会感觉打开了一个新的世界，快乐、舒畅，独特的想法和新奇的灵感都源源而来。

这一点也不奇怪。幽默能够引发喜悦，带来欢乐，使人远离庸俗和索然。人变轻松了，拘谨自然就会消失，内心自然舒畅，思想自然活跃。

作家林清玄是一位幽默的人，他的文字优美清丽。可是，他的长相却实在和帅气沾不上边，不仅身材矮小，还有些秃顶。然而，这丝毫没有让他的魅力减分，他用幽默风趣赢得了无数人的喜欢。

在各高校演讲时，他妙语连珠，经常惹得学子们捧腹大笑。有一次，林清玄到四川大学演讲，一开场就拿自己开涮："儿子小时候写作文，题目叫做'我的理想'。其中他写道：我想要做科学家、想做医生、想做教师、想做水手、想做企业家……想做的职业太多，所以一时还不能确定。不过，唯一可以确定的是，我将来一定不会当作家。我好奇地问：'你为什么不想做作家，作家不是挺好的吗？'结果儿子的回答让我大跌眼镜。他一脸嫌弃地说：'我才不要当作家，我要保护我的头发……'"

说完，林清玄用手摸了摸自己的头。看着他的秃顶，所有学生都被逗得前仰后合。

这是聪明者的智慧，也是幽默的神奇之处。如果没有幽默，没有这份洒脱，这些事情造成的影响或许截然相反。所以，很多人愿意和幽默有趣的人交往，一笑之后，不仅彼此的关系更加亲近，还会让人身心愉悦。有的时候，和有趣的人在一起，意见相左还能迸发出奇妙的火花。

在娱乐圈中，××是一位很招人喜欢的演员，同行愿意和他交往，记者愿意向他提问，就连观众都愿意听他说话。这都是因为他非常幽默，时不时用诙谐幽默的语言让交流的氛围变得无比融洽。

有一次，××参与电影《亲爱的》的路演和宣传，宣传地点在某所大学。同学们都非常喜欢××，提出了很多有趣的问题。一位学生问："您向来都是演喜剧的，为什么这次会演这么虐心的电影呢？"

××笑着回答说："淡妆浓抹总相宜。"

又有学生问："国庆档将有三部您主演的电影上映，您最喜欢哪一部呢？"这显然是一个比较刁钻的问题，目的是"为难"××，看他如何巧妙地化解冲突。

当然，这个问题并没有难倒××。他左右看了看，然后机智地回答："请问今天哪位导演来了？"他一说完，所有演员和学生都笑了起来。

还有同学搞笑地问："帅哥和美女，哪一个角色是您不能演的？"面对这位同学对自己"颜值"的调侃，××故意模糊问题本身，幽默地回答："谁说我这个帅哥不能演美女？"

**这样有趣的人，谁不喜欢？这样幽默的人，谁不愿意和他待**

在一起？

可以说，有趣很多时候真的比优秀更为重要。优秀的人并不一定有趣，但有趣的人却是有智慧的，往往也是优秀的。这种智慧会让他的幽默辐射更广，影响更多的人。

与之相反，严肃、无趣的人，即便再优秀，也未必能拥有快乐的人生。和严肃、不懂幽默的人在一起，人们会感到压抑，越来越拘谨、沉默，无时无刻都想逃离，继而不再想和这种人打交道。他的无趣和索然会成倍地扩展，影响身边的人和事，使自己不可避免地成为"孤独"的优秀者，过着孤独的人生。

所以说："关于沟通，除了词汇之外，最重要的就是'趣味'！"我们的生活和人生也是如此。生活本应丰富多彩，我们应该学做有趣的人，和有趣的人交朋友，做有趣的事情，过有趣的人生。

# 幽默降临时，争执和冲突就会遁形

每个人可能都有过类似的体验：身边的人出现意见分歧，因为处理不当，双方陷入纷争与冲突。这个时候，即便冲突不是由我们引起，夹在中间的滋味也不好受。

这个时候，对冲突放任不管并不是最佳选择，它可能会让矛盾升级，然后将"火"烧到我们身上。劝双方和解也不容易，会被扣上和事佬的帽子。到最后，冲突没有平息，还可能让我们落得个两面不讨好的下场。那么，究竟应该怎么办呢？

其实，幽默就是最好的打圆场的方式。如果我们能够随机应变，制造一些笑料，便可轻松化解矛盾，避免事态进一步升级。作为局外人，我们的话不会成为矛盾的焦点，更容易被冲突双方所接受。如果能巧妙地转移话题，或者为双方打圆场，僵持的气氛自然就能缓解。

况且很多时候，争执只是人们一时的情绪所致，如果有人给自己台阶下，大部分人会"就坡下驴"。

一个瓜农在小区里卖西瓜，恰好是下班时间，小区居民陆续回家，瓜农的大车前围了许多人挑西瓜。这时，一位年轻女士走过来问："师傅，你这西瓜甜不甜？"

瓜农回答："保甜，不甜不要钱。"

年轻女士见买瓜的人不少，便让瓜农帮自己挑选了一个西瓜，痛快地交钱走人。过了一会儿，这个年轻女士又回来了，手里拿着打开的西瓜，说："退钱！你这瓜一点都不甜！"

瓜农看了看西瓜，反驳道："你看这西瓜多好，瓤子红红的，怎么会不甜！"

年轻女士怒气冲冲："我吃着就是不甜！你说不甜不要钱，快点，给我退钱！"

看到年轻女士这样说，瓜农尝了一口西瓜，说："怎么不甜！这不是挺甜的嘛！你人这样闹，人家还以为我的西瓜真的不好，我还怎么做生意！而且，这西瓜你已经打开了，吃了一些，我怎么给你退钱！"

年轻女士不依不饶："你说甜就甜啊，我就觉得不甜！我不打开吃，怎么知道甜不甜！做生意就应该诚信为本，你怎么骗人呢？"

"我怎么骗人了？"

……

就这样，年轻女士和瓜农你一言我一语地吵了起来，围观的人越来越多。这时，热心的李大爷走了过来。李大爷是小区出了名的和事佬，平时喜欢为邻居调解矛盾。弄清楚事情原委之后，李大爷哈哈一笑，说："哎呀，我还以为多大的事情呢！你们二位都消消气，要不然这一车西瓜都让你们的怒火点燃了。如此一来，我们还怎么吃西瓜呢？"

听了这话，大伙儿都哈哈大笑起来。年轻女士和瓜农也跟着笑了起来，气氛一下子缓和了许多。接着，李大爷又说："你们公说公有理，婆说婆有理，我也不知道听谁的。我先来尝尝这西瓜，看它到底甜不甜！"

说完，李大爷掰了一小块西瓜放进嘴里，一边品尝一边说："这西瓜还可以，口感微甜，说不甜也甜，要是说甜吧，又有点淡……这样吧！今天我做主了，你们各打三十大板——女士把西瓜拿回家，不要退了；瓜农补给女士五元钱，让她买些糖。如果想西瓜更甜一点，可以撒点糖拌着吃。"

李大爷这个圆场打得非常好，他先是利用幽默的话语缓和气氛，当冲突双方冷静下来后，再不偏不倚地提出解决方案，如此一来，矛盾自然就解决了。

有人说："幽默是一切智慧的光芒，照耀在古今哲人的灵性中间。凡有幽默的素养者，都是聪敏颖悟的。他们会用幽默手腕解决一切困难的问题，把每一种事态安排得从容不迫，恰到好处。"事实也是如此，当幽默降临时，争执和冲突就会烟消云散。

当然，幽默的运用也有讲究，比如不要在冲突的风口浪尖显示你的幽默，否则会适得其反；也不要因为亲疏远近之分，带着私人感情和个人恩怨打圆场，否则，你的偏向会导致矛盾升级。

# 当问题出现，用幽默的方法来应对

生活中难免会遇到一些难以处理的事务，有的时候，我们没有必要浪费口舌和时间，只要采取以不变应万变的方法，便可出奇制胜。同时，如果我们说话风趣些，还可以营造幽默的效果。

某位著名作家很不喜欢参加演讲、培训之类的活动。有一次，他实在推脱不掉，勉强参加了一个为期三天的文学讲座。事实上，他根本不愿意讲什么，更不愿意说些虚的、空的东西。为了不违背自己的意愿，同时又不得罪主办方，他想了一个绝妙的方法。

第一天，作家登上讲台，问道："大家好，各位知道我今天要讲什么内容吗？"

"不知道！"所有人齐声回答。

作家故作惊讶地说："什么？你们竟不知道我要讲什么？那我讲了还有什么用？"说完，他头也不回地离开讲台，留下惊讶无比的主办方和听众。

第二天，作家再次登上讲台，问了同样的问题："大家好，你们知道我要讲什么吗？"

这一次，听众们显然记住了昨天的教训，异口同声地答道："知道！"

然而作家却微笑着说："那好，既然大家已经知道我要讲什么，我就没有重复的必要了。"说完，他快速地走下讲台。

第三天，为了让作家能发表演讲，听众也学"聪明"了。当作家再次发问时，台下有人说"知道"，有人说"不知道"，他们以为这下作家就没有办法了。没想到作家轻轻一笑，说道："既然这样，那知道的人就讲给不知道的人听吧！"然后，他再次扬长而去。

台下的听众看到作家如此"狡猾"，哄堂大笑。

同样的事情，在同样的场景下，给出大不相同或是截然相反的原因，看起来有些不合逻辑，但事实上，越是对同样的事情做出不同的解释，就越能形成反差，从而产生幽默的效果。

在这个例子中，面对作家的同一问题，听众给出了不同的答案，而作家也用不同的理由做出了相同的决定。总的来说就是，不管情况怎么变化，作家都以不变应万变，坚持自己的行动和想法。这一次次的行动与听众的期望正好相反，不仅让听众出乎意料，更让他们领略到作家的风趣和智慧。

以不变应万变的智慧就在于，不管对方怎么变，我们都能找到与对方相对且利己的理由，或是调侃对方，或是调侃自己，从而在轻松愉悦的气氛中让事情朝着有利于自己的方向发展。

下面我们来看看举世闻名的科学家爱因斯坦是如何做的！

一天，爱因斯坦外出办事，遇到一位朋友。看到他的大衣如此破旧，朋友劝他说："你应该买一件新大衣，整天穿着这件破衣服，实在太有损个人形象了。"

听了朋友的话，爱因斯坦毫不在意地说："没关系，反正在纽约谁也不认识我。"听了这话，朋友无奈地摇摇头，不再说什么了。

后来，爱因斯坦发表了相对论等震惊世界的论文，成为世界上赫赫有名的物理学家。尽管如此，他的生活依旧简朴，每天穿着那件破旧的衣服。那位朋友再次劝他说："你现在可是个名人，获得了各种奖励和荣誉，为什么不买件新的衣服呢？"

爱因斯坦依旧不在意地说："没关系，反正在纽约谁都认识我。"

对于朋友的劝说，爱因斯坦以不变应万变，用同一原因推断出完全相反的两个结论。"反正在纽约谁也不认识我""反正在纽约谁都认识我"，看似自我调侃，却体现了他的风趣幽默，也体现了他俭朴的精神。

所以，当我们遇到问题时，不妨先让自己冷静下来，以不变应万变来幽默地应对，相信一定能够事半功倍。

# 善于自嘲的人，幸福感更强

　　生活中，每个人都会遇到一些难堪的事情，或是别人故意刁难，或是自己不小心出错，如果我们不能调节情绪，机智应对，就可能让自己陷入尴尬的境地。相反，如果我们能够积极减轻自己的心理压力，多一点自嘲精神，便可让自己走出困境，也让别人对我们有一个新的认识。

　　简单来说，自嘲是我们化解尴尬的灵丹妙药。只要我们能机智地拿自己"开涮"，在博得他人一笑的同时，还能化解自己的窘迫。

　　事实上，聪明者往往善于自嘲，对自己的丑处、羞处、不足、失误等不遮掩，不躲避，而是勇敢地把它放在明处，夸大并剖析，引人发笑。试想，若没有足够的勇气、乐观和智慧，又怎能做到这一点呢？

著名哲学家苏格拉底就是一个善于自嘲的人。据说他有一个非常彪悍、粗暴的妻子，时常对他发脾气。更有甚者，她从来不给苏格拉底面子，即便在邻居、学生面前，也会随意打骂他。苏格拉底却总是对旁人自嘲说："有这样的妻子好处很多，可以锻炼我的忍耐力，加深我的修养。"

有一次，苏格拉底正在和学生探讨问题，他的妻子突然怒气冲冲地跑进来，把他臭骂了一顿。苏格拉底见妻子吵闹多时仍不肯罢休，决定到外面躲避一下。他刚走到楼下，他的妻子就从楼上泼了一桶水，浇得他浑身上下湿漉漉的。

在场的学生和邻居都看呆了，以为苏格拉底肯定会大发脾气。但苏格拉底只是摸了摸湿透的衣服，然后轻声说道："我知道，打雷之后必定会大雨倾盆，果然不出我所料。"

所有人听了，都忍不住哄堂大笑。


很显然，苏格拉底对妻子的暴脾气有些无可奈何，而他的幽默自嘲也成功将他从窘迫的处境中解脱出来。不仅如此，还体现了苏格拉底极高的修养和宽阔的胸怀。

可以说，自嘲是最高级的幽默，正是这非比寻常的幽默，使人走出尴尬，赢得他人的好感，及时调整情绪，拥有平和健康的心态以及快乐的生活。

很多心理学家认为，适度的自嘲可以提升人们的幸福感，对心理健康非常有益。心理学家把幽默分为四种类型，包括亲和型幽默（开玩笑、讲笑话）、攻击型幽默（讽刺、嘲笑）、自我强化型幽默（自嘲）、自我打击型幽默（自贬）。同时，他们还研究了性格特征、幽默方式、愤怒管理及幸福感水平间的关联性。结果显示，善于自嘲的人比其他三种幽默类型的人更能有效地管理愤怒，驾驭生活中的各种问题，包括窘境、失败、失误等。通过心理调节，他们可以慢慢化解愤怒、悲伤、愁苦等情感，让自己感到幸福。

这里仍以苏格拉底和他妻子为例。很多人知道苏格拉底的妻子为人泼辣，苏格拉底的生活"苦不堪言"。其实，他的妻子非常爱苏格拉底，平时很理解、支持他的工作和研究。苏格拉底也很爱妻子，他们的生活还是很幸福的。这其中有苏格拉底妻子的爱和理解，更有他的幽默和智慧。

当妻子担心自己为客人准备的饭菜太寒酸时，苏格拉底安慰她说："没有关系，如果他们懂得道理，自然会接受。如果他们不接受，说明他们不明事理，我们也不必为此烦恼。"

当儿子抱怨母亲唠叨时，他幽默地说："就像习惯于辘轳的不断咕噜声，你也应该不会介意鹅的咯咯叫吧。"

当妻子泼了他一身水时，他事后幽默地解嘲："我不是说过，蒂贝（他妻子的名字）的雷霆会在雨中收场吗？"

由上可知，在处理家庭关系上，苏格拉底非常有智慧，用自嘲和幽默避免了许多争吵，赢得了家庭的幸福。

一位哲学家说过："傻瓜从不自嘲。聪明人嘲笑自己的失误。天才不仅嘲笑自己的失误，而且嘲笑自己的成功。看不出人间一切成功的可笑的人，终究还是站得不够高。"自嘲能活跃气氛，拉近自己与他人的距离，营造和谐的社交关系。自嘲也能调节自己的情绪，缓解内心的不安、郁闷，保持良好的心态。

善于自嘲的人，往往具有大度、宽容的品质，有自我调控的能力，更有出奇的沟通能力。所以，善于自嘲的人，幸福感最强。

# 笑脸相对，给对方一个漂亮的反击

被别人嘲讽、轻蔑，恶语伤害，你会情绪激动地怼回去，还是忍气吞声、郁郁不乐，懊恼为什么不漂亮地进行反击？

事实上，这些都不是聪明且有效的方法。如果你情绪激动，勃然大怒，恰好中了对方的下怀。因为他嘲讽、攻击你，就是为了让你出丑，看你窘态毕露的样子。忍气吞声更是不行，因为这会让对方变本加厉，得寸进尺。

反击的方式有很多，我们应该选择一个漂亮的方法——用幽默作为武器，巧妙地把问题和难堪丢给对方。这个时候，你越是微笑，越是从容，对方就越是无计可施。

安徒生是著名的丹麦童话大师，在他所写的童话中，我们可以感受到勇敢、机智、善良、乐观、浪漫，当然还有他的风趣和幽默。安徒生在生活中非常简朴，随性自然，不讲究衣着和排场。这本是一种高贵的品质，可在一些人眼里却成了"缺点"，时常笑话、讽刺他。

一天，安徒生外出办事，像往常一样戴着那顶破旧的帽子。这顶帽子已经褪色，边缘有很多褶皱，安徒生却舍不得扔掉它。他走在大街上时，遇到了一位心高气傲的贵族——他总是自以为是，经常嘲笑安徒生"老土""寒酸"，以显示自己的优越。

这个贵族看了看安徒生，又看了看他那顶破帽子，不怀好意地说："安徒生先生，你脑袋上那个东西是什么玩意？它能算是帽子吗？"

安徒生听出了他话语中的嘲讽之意，心中十分愤怒，但是他也知道，在人来人往的大街上，如果自己失态地和对方吵起来，只会让嘲讽自己的人幸灾乐祸，有失自己的身份。于是，安徒生忍住怒火，微笑着说："先生，在回答你的问题之前，我能问个问题吗？"

贵族不明所以，开口说："虽然我不知道你要问什么，但我一向都是慷慨的，你当然可以问我任何问题。"

安徒生看了看他，笑着问道："先生，你帽子下面是什么玩意，能算是脑袋吗？"

贵族顿时愣住了，之后窘迫地离开了。

反击并不难，难的是如何从容地反击。安徒生因贵族的嘲讽而气愤难当，但他没有任由自己的情绪发作，愤怒地与对方争论，而是巧妙地利用幽默，把对方的问题抛回去，既维护了自己的尊严，又给对方好好地上了一课。

由此可见，幽默的反击看起来是一种回避和防守，实际上却是更有智慧、更有力度的反击。这些话看似说笑，是简单的提问、比喻，其实是从对方的话中推理出来的。当你把它回敬过去时，对方往往无法回击，即便心有不甘也无话可说。

当然，想要做到漂亮的反击并不容易，不是说一句玩笑话、打一个比喻就可以的，关键在于保持冷静，稳定情绪，然后找准打击点，给对手以有力的一击。


德国诗人海因里希·海涅常常遭到他人无理的攻击。有一次，他参加一个晚会，席间认识了一位旅行家，两人相谈甚欢。然而，当对方得知海涅是犹太人时，态度却发生了一百八十度的转变，语气中充满傲慢和无理。

他撇着嘴，不怀好意地说："你相信吗？我不久前发现了一座美丽的小岛，最令我惊喜的是，这座美丽的小岛上竟然没有犹太人和驴子！"显然，这位旅行家是故意嘲讽海涅，把犹太人和驴子画了等号。

海涅内心非常愤怒，但他的愤怒只持续了几秒。他聪明地把旅行家的这句话做了另一种解释："那个小岛真的很美吗？我相信你的话，相信我们一样都非常喜欢它。如果我们一起到那个岛上，定能弥补它的缺陷。"

这个反击是不是很妙？海涅机智地用旅行家的话回敬了他。在这里，幽默取材于对方的语言，好像是顺着对方说，突然一个反转，不知不觉地把尴尬转移给对方，让其哑口无言。这位旅行家明知海涅暗示他就是自己所说的"驴子"，却只能自咽苦果。

所以，当有人不坏好意地嘲讽你，或者存心让你下不来台，大可不必怒目相向，不妨以笑脸相对，幽默反击，如此才能赢得漂亮，更显自身魅力。

# 第二章　为幽默找门道

幽默有绝技，会用才有趣

- ☑　有幽默的地方，少不了夸张

- ☑　让悬念迭起，让"包袱"飞起

- ☑　话中有话，一语双关让人折服

- ☑　以谬还谬，反驳他人还得把人逗笑

- ☑　有一种幽默，叫装糊涂

- ☑　正话反着说，效果就是不一样

- ☑　逗趣的模仿，让人啼笑皆非

- ☑　出人意料，"笑果"会更好

# 有幽默的地方，少不了夸张

很多时候，对事物进行一定程度的夸张，也能造成一种喜剧效果，使人不由自主地发笑。比如，当你故意把自己的能力或经历用令人吃惊的语言吹嘘到一定程度时，自然会招来一连串的笑声。

下面我们来看看几则有趣的故事。

第一则故事：

一个美国人、一个法国人和一个英国人在一起闲聊，其间说到各国桥梁的问题。美国人一本正经地说："我们国家有一座非常高的大桥，任何人站上去都会害怕得打战。"

法国人不服气地说："这算什么？我们国家有一座更高的桥，一个人跳桥自杀了，结果经过十分钟才落到水面上！"

听了他们的话，英国人不以为然地说："你们那些都是小儿科。我们国家那座大桥更高，你猜那个跳桥的人是怎么死的？是饿死的！"

故事里的三个人都运用了夸张的手法，但英国人的话更引人发笑。原因很简单，他的话最夸张："跳桥的人是饿死的"，说明这桥真的非常高，以至于人还没有落水就饿死了。可想而知桥面与水面的距离有多高。

第二则故事：

一名幽默的主持人在主持一次总决赛时，他发现3号选手笑起来非常可爱，两个酒窝展现出与众不同的风采。所以，在介绍她时，他逗趣地说："来，你给大家笑笑，让我们看看你的酒窝。看，这酒窝太深了，都能看到舌头。"

听到主持人这一夸张的说法，所有观众都哈哈大笑起来，现场气氛十分欢快。

夸张式幽默非常简单，不神秘也不深奥，只要把小事情夸大就可以。我们可以把任何适用于"重大""伟大"的词语用于简单、轻松、普通的事情，也可以把一些小事情、普遍的事情无限度地夸大。

大词小用，小题大做，或者小词大用，大题小做，都可以形成故意夸张，造成词不符实、对比失调的关系，实现夸张的幽默。说得越夸张，造成的对比越强烈，就越能产生幽默感。

其实，生活中每个人都会用夸张式幽默，也时常用夸张式幽默。比如，我们说自己经济困难，会说："我现在很穷，都得吃'土'了！"说自己感觉比较冷，会说："今天真冷啊，我都快被冻成冰块了！"

不过，漫无目的的夸张固然能引人注意，引发一连串的笑声，但它并不是真正具有智慧的幽默。幽默必须要有一定的信息量和知识量，让人在捧腹大笑之余有所得，甚至有所悟。如此一来，我们的幽默才不会被人视为吹嘘和笑话，才会有一定的意义。

第三则故事：

> 有一次，一位著名作家坐火车前往一所大学演讲，可火车走得实在太慢，很可能导致他迟到。作家非常着急，于是便找了个办法来发泄自己的不满。当乘务员来查票时，他故意出示一张儿童票，乘务员打量着他说："看不出来，您还是一个孩子。"
>
> 作家笑着说："我现在当然不是孩子，不过我买车票的时候，还是一个孩子。这火车开得实在太慢了！"听了这话，乘务员和所有乘客都笑了起来。

　　从孩子成长为中年人，这是一个缓慢的过程。作家就是利用这一夸张的说法来突出火车行进速度的缓慢，产生幽默的特殊效果，令人发笑。他的夸张式幽默，比不着边际的吹嘘更具现实意义。

　　当今社会，每个人都需要用幽默来调剂心理，活跃气氛。适当地夸张一下，营造一种诙谐的交流气氛，会让我们更受欢迎。

# 让悬念迭起，让"包袱"飞起

"文似看山，不喜平。"这句话很容易理解，就是说写文章好比观赏山峰，最好是奇势迭出，最忌讳平坦无奇。说话也是如此，想让幽默效果更好，最好设置一些悬念，如此才更有"笑果"。

这和相声演员"抖包袱"是一个道理。我们听相声时，会发现很多出色的相声演员非常善于"抖包袱"，他们不是直接地说出"笑料"，而是埋下伏笔，设置悬念，然后突然把关键笑点点出来，让听众有一种出乎意料的感觉。于是，这幽默效果也就发挥出来了。

相声演员埋伏笔、设悬念的过程，在相声专业术语中叫做"系包袱"，点出关键笑点则叫做"抖包袱"。看似"抖包袱"更重要，但如果之前的包袱"系"不好，悬念设置不好，效果就会大打折扣。想要让"包袱"飞起来，让别人会心一笑，需要足够的智慧和机智。

柯南·道尔是《福尔摩斯探案集》的创作者，因为这本书的热卖，他名气大增，几乎所有小说迷都认识他。一天，他坐火车来到罗马，出了车站后就找到一辆出租马车，准备前往目的地。他刚要说出目的地，赶车人就问道："亲爱的柯南·道尔先生，您准备去哪里？"

柯南·道尔有些惊讶，心想："难道连罗马人都认识我吗？我现在这么有名吗？"接下来，他好奇地说："你怎么知道我是柯南·道尔？"

赶车人笑着说："这非常简单，我是从一些细节分析出来的：你是在罗马车站下车的，穿着典型的英国式服装，口袋里装着一本侦探小说。"

柯南·道尔大声地叫起来："你真是太了不起了！没想到我在意大利会碰到第二个福尔摩斯！"之后，他接着问道："你还发现其他什么线索了吗？"

这时，赶车人笑着说："没有别的了，除了你皮箱上的名字。"

为什么赶车人知道他是柯南·道尔？很简单，他看到了柯南·道尔写在皮箱上的名字。可是赶车人没有直接说出原因，而是设置悬念、酝酿笑料，当柯南·道尔误认为他是第二个福尔摩斯时，他则给出了出人意料的解释。这一"系"一"抖"，形成了强烈对比，幽默感自然就显现出来了。

所以，好的幽默效果，关键在于处理"系"和"抖"的关系。我们必须让人产生好奇心，对我们的"包袱"感兴趣，然后再尽力渲染铺陈，制造悬念与答案之间的反差。当答案揭晓的那一刻，就是幽默效果出来的时候。

下面我们一起看看这个故事：

> 一个人说："手风琴救过我的命！"
>
> 朋友吃惊地问道："怎么回事？"
>
> 这个人说："有一天，我在阳台上拉手风琴，邻居大声对我说：'要是你再拉那个破手风琴，我就砍断你的脖子！'"
>
> 朋友问："后来呢！"
>
> 这个人说："我再也没有拉手风琴！"

这个答案大大出乎朋友的意料，却也让朋友哑然失笑，被他的幽默所折服。试想，如果他直接说出答案——邻居威胁我不要拉手风琴，我之后就没有再拉，是不是就没有了幽默的效果？

需要注意的是，我们对悬念的揭示必须出人意料又合乎情理，否则可能会适得其反。

有的时候，通过设置悬念，还可以利用别人的好奇心来达到自己的目的。著名小说家毛姆便深谙其中门道。

起初毛姆只是一个默默无闻的作家，虽然出版社对他的小说大肆宣传，但却很少有人问津。为了把自己的书推销出去，毛姆绞尽脑汁，最后终于想出了一个好办法——在报纸上刊登一则《征婚启事》。

为什么要刊登《征婚启事》呢？在回答这个问题前，我们不妨先看看他的《征婚启事》是如何写的——本人是一位年轻有为的百万富翁，未婚，喜好音乐和运动，现向社会征求和毛姆小说中女主角完全一样的女性共结连理。

很多人感到奇怪，为什么这个百万富翁非要找毛姆小说中的女主角那样的女性呢？这个女主角有什么魅力？这个百万富翁为什么对她如此着迷？这一系列疑问，促使人们开始购买毛姆的小说，结果小说很快就脱销了。

这就是毛姆刊登《征婚启事》的目的。他幽默地编撰了一则《征婚启事》，设置悬念，很好地刺激了人们的好奇心和购买欲，并使整个事件产生了一种强烈的幽默效果。

不得不说，善于制造悬念的人，都是充满智慧的幽默高手。

# 话中有话，一语双关让人折服

很多时候，我们做事需要讲究原则，一是一，二是二，不能含糊，也不能偷换概念。不过说话却不能这样，在很多特殊场合，我们恰恰不能太较真，把话说得太过直白。因为这样一来，虽然我们明确表达了自己的观点和态度，却会引起对方的反感。

所以，我们需要学会委婉地表达，这样便能走出词语的限制，产生"话中有话"之感，既巧妙地表明自己的态度，又能得到对方的好感和赞同。

事实上，幽默感十足的人时常有意识地说出一语双关的话，或是故意曲解对方的意志，或是用模糊词语，委婉表达自己的思想和观点。他们的话表面上与对方的提问有"矛盾"，可聪明人一听便可听出其真意。

一位著名幽默作家到一家饭店去吃午饭。饭菜做得没有味道，作家只吃了一半就不想吃了。作家喊道："经理先生，请过来。""先生，您要结帐吗？""让我们来拥抱一下吧！"

"这是为什么呢？先生。"

"要告别了嘛！今后恐怕我们再也不会见面了。"

事实上，只要我们仔细观察就会发现，我们最常用的幽默就是一语双关。这是因为，中国文字博大精深，最易于双关，所以在日常生活中，人们也时常利用它来开玩笑。词语的双重意思越是相互抵制，反差越大，它构建的幽默感就越强，越能把别人逗笑，起到调节气氛的作用。

比如电视剧中的纪晓岚与和珅，两人都是有才学的大学士，又是一对水火不容的"死对头"，时常相互调侃和嘲讽。

乾隆皇帝七十大寿，文武百官参加寿宴，纪晓岚、和珅又碰在一起，列于众臣之前。这时，侍卫牵着一只狗从群臣身边经过，看到此情此景，和珅又兴起了捉弄纪晓岚的念头。他指着那只狗问道："这是什么，是狼是狗？"一个时常拍和珅马屁的御史马上迎合着说："这个是狼是狗啊？"

众人不明就里，心里纷纷嘀咕：这明明是狗，和大人怎么还发问呢？接着便看见和珅一脸坏笑地看着纪晓岚，众人立刻醒悟，纷纷哄笑起来。原来，当时纪晓岚位居兵部侍郎，和珅表面上问这动物是狼还是狗，其实是暗指纪晓岚"侍郎是狗"。

纪晓岚自然听出了和珅话中的含义，可是他没有恼羞成怒地与和珅争执，反而笑呵呵地说："和大人，这你都不知道吗？我告诉你吧！尾巴下垂是狼，上竖是狗！"他用了同样的方式进行反击，表面上是向和珅解释狼、狗之别，实际上也是暗指和珅"尚书是狗"。"上竖是狗"就是"尚书是狗"！和珅见自己没有赚到便宜，只能独自懊恼，默不作声。

那个拍马屁的御史见和珅吃了亏，继续说："大家都知道，狼是吃肉的，狗是吃屎的。我们来看看它是吃肉还是吃屎，一看就知道是狼（侍郎）是狗了。"

纪晓岚也笑着说："御史大人，这你就说得不对了。狗也是吃肉的，它是遇肉吃肉，遇屎（御史）吃屎啊！"听了纪晓岚的话，御史也气得说不上话来。

纪晓岚用诙谐的语言，一举反击了嘲讽和辱骂自己的和珅和那个御史。这就是双关幽默的力量。只要我们掌握这一技巧，无论遇到什么情况，都可以制造出"笑果"，避免让自己陷入尴尬。

但要记住，幽默感和显而易见的刻薄是不相容的，我们不能利用自己所谓的幽默来贬低、嘲笑他人。如果我们自诩聪明，以为掌握了一语双关的"奥秘"，明里暗里地讽刺、嘲笑他人，结果只有受人冷落这一结局。

# 以谬还谬，反驳他人还得把人逗笑

很多时候，遇见蛮不讲理的人，和他讲道理是没有用的。你若和声细语，他便固执己见；你若言辞严厉，他便反应激烈，一不小心还有可能发生冲突。所以，我们没有必要浪费口舌，也没有必要与其发生冲突，最好的办法是，发挥自己的聪明才智，适当地以谬还谬，或许可以大事化小、小事化无。

或许有人认为这是诡辩，其实不然，利用对方的"谬论""歪理"进行反驳，让他无话可说，绝对是一种高明的沟通技巧。

当然，如果沟通时能够巧妙地利用幽默风趣的语言，还可以营造轻松的氛围，起到更好的效果。

笑笑是一位带团旅行的导游，时常遇到一些提出无理要求或者不愿按照约定行程行动的客人。每次笑笑都耐心劝导，希望客人能支持自己的工作，以保证旅行的愉快和安全。可很多时候，这样的劝导并没有多大作用，一些客人就是喜欢无理取闹。后来，笑笑学会了巧妙地解决问题，既不与客人争论，也不浪费时间进行劝说。

有一次，笑笑带着旅行团到某地游玩。事前开行程说明会时，一位客人不愿意按照行程安排行动，口气强硬地说："我不想去爬山，想去游湖。"

笑笑耐心地解释："先生，我们的行程都是事先安排好的。这座山的风景非常美，有着'塞上小五岳'之称……"

笑笑还没说完，那位客人就大声喊道："山上的风景真的有你说得那么秀美吗？我看不见得吧，肯定是你们拿了那里的好处。再说，我体力不好，万一爬山时不小心踩空，从山上掉下来怎么办？"

看到客人故意找茬，笑笑没有争论，而是幽默地回答："先生，请您放心，这条山路很好走，也很安全，不会出现什么危险。当然，如果您真的不小心从山上掉下去，我得提醒您：请务必记得向左边看。因为左边有条非常壮观的瀑布，从远处看就像一条白练挂在墨青色的屏幛上。"

听了笑笑的话，客人们都笑了起来。那位难缠的客人也被逗笑了，终于不再争论。

由上可知，遇到无理叫嚣时，若能发挥幽默才智，便可让对方无话可说。而言语幽默风趣还能避免把对方弄得怒火中烧，让事态进一步恶化。

当对方比较强势时，利用近乎"荒谬"的语言开玩笑，或调侃对方，或调侃自己，这不是软弱和回避，而是一种高超的沟通技巧。这种"不寻常"的幽默，可以将争执化为会心一笑，把冲突化为和睦。

某天早上，一辆公交车上挤满了急于上班的年轻人。突然，公交车一个急刹车，一个年轻的小伙子踩了一个年轻女孩一脚。小伙子连忙道歉，说"对不起"，可女孩还是非常愤怒地说："哎呀，讨厌死了，我新买的鞋子都被你踩脏了。"

小伙子继续道歉："不好意思，刚才司机急刹车，我没有站稳脚步。"

女孩不依不饶地说："那你也不能不长眼睛啊！你看这有那么大地方，还能踩到我的脚？"

小伙子听了显然有些不满，急躁地说："我都道歉了，你还要怎样？要不，你也踩我一下？"

女孩见小伙子一副恼火的样子，质问道："是你踩到我，怎么还不讲理呢？"

小伙随即说道："是啊，我踩了你，我本来就没理，怎么和你讲理？"

　　一听这话，女孩"噗哧"一声笑了出来。之前剑拔弩张的气氛，也在幽默的调侃中变得轻松起来。

　　可以说，小伙子是聪明且幽默的人，他知道自己的道歉很难让女孩消气，所以当女孩质问他"为什么不讲理"时，他故意说出"我本来就没理，怎么和你讲理"这样荒谬的话，目的就是用幽默的话来调节气氛，消除女孩的怒气。

　　显然，他成功了。他的幽默，不仅轻松解决了难题，还使他的形象得到提升，起到了一箭双雕的效果。

　　不过，运用这种幽默方式需要注意，我们的目的不是为了耍嘴皮子，把对方怼得无话可说。若是这样，不仅不能缓解矛盾，化解冲突，还可能让事情变得更糟糕。同时，我们的话看似揶揄和调侃，但仍须建立在真诚的基础上。丢掉虚伪、嘲讽，才能换来对方的相视一笑。

## 有一种幽默，叫装糊涂

生活中，有些人很聪明，却喜欢装糊涂，因为这是一种高明的沟通艺术。它的高明之处就在于，人们对于话语本身虚虚实实、真真假假地运用。

简单来说，聪明地装糊涂不是不明白对方话里的含义，而是假装听不懂或故意理解错误。装糊涂者表面上给出了一个糊涂的答案，背后却隐藏着他真实的态度和想法。这种表达方式看似轻描淡写，却往往让对方哭笑不得，又无可奈何，从而达到自己的目的。

历史上很多名人便深谙装糊涂这一绝技，留下了不少令人拍案叫绝的经典案例。

丘吉尔是英国最杰出的领袖，但也有很多反对者，他时不时就会遭到这些反对者的攻击。有一次，丘吉尔在某地公开演讲，到提问环节时，有人从台下递过来一张字条。丘吉尔打开一看，发现上面写着两个字——笨蛋。

本来丘吉尔想把这件事压下去，可有人却在台下高声喊道："先生，这张字条上写了什么？"

显然这是反对者的把戏，想要在公开场合辱骂丘吉尔，让他出丑。但丘吉尔没有恼怒，而是笑着说："这张字条只写了签名，没有写内容。我想问问大家，是谁写了这张字条？麻烦您站起来，好吗？"

丘吉尔把自己的智慧隐藏在表面的糊涂里。面对反对者的辱骂和刁难，他没有直截了当地就事论事，而是故意曲解这张字条的字面意思，真是高招！他的幽默和机智让台下的反对者哑口无言，也让众多支持者为之一笑。

英国首相威尔森在这方面的表现也非常出色。当威尔森进行竞选演说时，台下有个反对分子冲着他高声喊道："狗屎！垃圾！"

这样的挑衅实在令人恼怒，也让人为难。如果威尔森不予理会，会有损个人形象，但如果他与对方进行争论，则会中了反对者的诡计。对此，威尔森很好地给予了反击，他笑着说："这位先生，请您稍安勿躁。等我说完这个问题，就会谈到您刚才提出的关于脏乱的问题。"

威尔逊明知道对方是在辱骂自己，却故意装糊涂，把他的话曲解为"卫生问题"，实在是高明！他这一风趣机智的回答，赢得了台下一片喝彩。

事实证明，"难得糊涂"这句话说得真没错。很多时候，适当地装糊涂真的可以产生四两拨千斤的效果。

装糊涂，实际上是一种高情商的体现，也是一种高超的幽默。凡是能装得了糊涂的人，绝大部分是聪明、机智的。面对各种问题，他们能沉得住气，控制住场面。无论别人的反应是什么，他们都能保持不动声色，把真真假假的话语传递给听众，让听众去体会自己话语中的幽默和内涵。所以，莎士比亚说："只有聪明的人，才能装出糊涂来。彻底成为糊涂人，要有足够的智慧。"

当然，装糊涂并不是只有故意曲解他人话语含义这种表现方式，答非所问也是一种非常典型的表现方式。简而言之就是，面对他人的提问，故意回避、闪躲，给予"不正确"或是模棱两可的答案，把对方引入"歧途"，然后自己反客为主，从而实现回避话题的目的。

下面我们来看看大学士刘墉如何利用装糊涂的方式，巧妙应对乾隆皇帝的刁难：

刘墉为人聪明，口才很好。乾隆皇帝时常故意捉弄他，提一些古怪的问题，目的就是看他能否很好地应对。

有一次，乾隆皇帝突然问刘墉："你知道北京城共有多少人吗？"

这个问题非常刁钻——北京城这么大，谁能精确地知道到底有多少人？可刘墉却机智地回答说："只有两人。"乾隆皇帝惊讶地问道："为什么这么说？北京城这么大，怎么可能只有两人。"刘墉笑着回答说："即便人再多，也只有男女两种，岂不是只有两人？"

显然，刘墉是在故意装糊涂，曲解了乾隆皇帝的问题——问的是北京城的具体人数，而他回答的是人的性别数。

乾隆皇帝见此，继续发问："那你说说今年京城里有几人出生？几人去世？"

刘墉回答说："今年京城内只有一人出生，却有十二人去世。"

乾隆皇帝不明白了，问道："此话怎讲？"

刘墉回答说："今年出生的人都是一个属相，不管出生的人有多少，都是出生一人。可去世的人就不一样了，它可能包括十二属相，所以去世的有十二人。"

**刘墉再次利用"移花接木"的方法，故意把问题引入另一**

角度。听了刘墉巧妙的回答，乾隆皇帝对他的机智赞赏不已，也就不再为难他了。

　　既然揣着明白装糊涂有助于我们应对一些尴尬情况，又能营造出幽默的效果，我们为什么不学会装糊涂呢？

　　当然，凡事不能太过分，在装糊涂的时候，一定要给予对方恰当的反击，表明自己的立场和态度，否则别人会把我们当成真的傻瓜。这样一来，装糊涂就变成了真糊涂。

# 正话反着说，效果就是不一样

我们思考问题一般习惯用正向思维，可有时说反话也是一种诙谐的表达方式。正话反说，反话正说，相映成趣，自然可以产生幽默的效果。

打个比方，别人抛出一个问题，你出其不意，故意将正面的问题引向反向的答案，既能营造幽默的效果，又可以表达自己的主张。秦朝时期的优旃，就是利用这一方式让秦始皇改变了主意。

优旃非常幽默和有智慧，时常在谈笑间劝说秦始皇。秦始皇喜欢打猎，为了便于围猎，他下令扩建御花园，多养些珍禽异兽。大兴土木是一件劳民伤财的事情，况且当时边境并不太平，所以大臣们纷纷劝说秦始皇不要这样做。

秦始皇被群臣的劝谏弄得烦躁不已，愤怒地下令："扩建御花园已经定了，谁再进谏，格杀勿论！"群臣听了，都不敢再进谏。

这时，优旃站了出来，但他没有劝阻秦始皇，而是大声地表示赞同："太好了！陛下这个主意实在是太好了！不仅如此，我觉得御花园的规模还应该更大一些。"

秦始皇见优旃支持自己的主张，不觉喜上心头，随后询问他支持自己的缘由。

优旃轻松地说："我们多养一些珍禽异兽，敌人就不敢来进犯了。即便他们来了，我们也不用担心，让麋鹿用角把他们顶回去就好了！"

听了优旃夸张的说辞，秦始皇不禁哈哈大笑，随即打消了扩建御花园的念头。

从这个故事可以看出，优旃正话反说的幽默运用得非常妙！他表面上赞同秦始皇的主张，然后又用诙谐的语言"让麋鹿用角把敌人顶回去"，告诉秦始皇那些珍禽异兽是不可能用来御敌的。如果秦始皇坚持这样做，将导致国库空虚，让敌人有机可乘。他的话使秦始皇在笑声中醒悟，从而改变了自己的决定。

所以，当你不知道如何处理意见纷争，或者不好直接表达观点时，不妨先顺着对方的意思，故意说些与本意相反的话。当对方被你的幽默逗乐，并理解了你话语背后的含义，你的目的就达到了。

同时，反话的幽默还具有化解尴尬的作用。当你处于尴尬情境，为了避免气氛更加紧张，不妨用反话为自己和他人开脱。一句幽默的话语，双方哈哈一笑，问题自然就会迎刃而解。

> 一个男生第一次到女友家拜访，由于精神紧张，不小心把女友父亲的茶杯打破了。男生十分尴尬，一时不知如何是好。但女友父亲没有责怪他不小心，反而笑着说："这茶杯碎得太好了，还是你了解我的心思。我一直想要换套新的，可是你伯母说什么都不同意。这下，她就没有理由拒绝了！"
>
> 听了这话，女友的母亲笑着说："原来你打的是这个主意啊！"随后，一家人哈哈大笑起来，男生的神情也自然了很多。

正话反说这一表达方式，兼具机智和幽默之美。它要求我们的思维更加活跃，要善于突破常规。把话故意反说，或字面上肯定而意义上否定，或字面上否定而意义上肯定，自然能够让听者喜欢且回味无穷。

当然，反话也要点到为止，不可只顾着幽默，而不顾及对方的感受。若把幽默变成了嘲讽，只会给自己招来麻烦。

> 一个孩子在学习钢琴，父母觉得孩子有这方面的天赋，

刚学两个月就能弹出完整的曲子。于是，他们时常在朋友面前夸耀，说自己的孩子钢琴弹得好。一天，这家人到一个朋友家做客，恰好这个朋友也喜欢音乐，家里还摆了一架不错的钢琴。

孩子的父母立即让孩子展示一下，为朋友们弹奏几段钢琴曲。但孩子的琴弹得并不算好，还出现了几处失误，听得大家皱眉不已。他的父母却浑然不觉，依旧向朋友们炫耀："听听，我家孩子弹得不错吧！他就是有这个天赋，一定能在音乐领域有所成就。"

这时，一位朋友笑着说："是啊！他弹得太好了，真应该让他到贝多芬面前演奏一番。"很显然，这朋友是在说反话，表面上幽默地夸奖孩子弹得好，实际上意思恰好相反。众所周知，贝多芬虽然是伟大的钢琴家，却是个失聪的残疾人，听不到这难听的琴声。

所以，这位朋友一说完，大家就低声笑了起来。那个孩子的父母显然也听出了他的反话，不高兴地说："你这是什么意思？"幸好朋友们极力打圆场，一场冲突才得以消除。

总之，幽默应该是含蓄、不带攻击性的。巧妙地利用语言的反差，反其道而行之，才能既表现我们的幽默风趣，又能婉言表达我们内心的深意。

# 逗趣的模仿，让人啼笑皆非

当我们看到小孩子模仿大人的动作或小动物的形态，往往会被逗得哈哈大笑，觉得这是非常有趣的事情。因为在模仿的过程中，孩子的一颦一笑、一行一动都会变得比平常有趣、搞笑。

事实上，不仅小孩子模仿会有幽默的效果，成人的故意模仿也可以制造一种有趣的反差，让人感到幽默。比如在相声、小品中，演员模仿别人的唱腔演唱、模仿其他人物的特色语言、模仿乐器的响声，都非常容易逗乐观众，达到很好的舞台效果。

所以，幽默也离不开模仿。别人的言语、动作、姿势等，有时我们并不想笑它，然而一经别人模仿，就变得可笑了。

小林平时很会"耍宝"，喜欢模仿各种经典桥段。所以，尽管他长得不算帅气，却非常招人喜欢。只要有他在的地方，大家就不会无聊。

之前，他非常喜欢模仿卓别林，每次聚会都会为大家表演一番。虽然没有帽子和拐杖，但他却能够假装手中拿着拐杖，头上戴着帽子，形象地模仿那些滑稽可笑的动作，让大家忍俊不禁。

当然，这也是因为他有模仿天赋，可以将卓别林的一举一动和一颦一笑都模仿得惟妙惟肖。去年公司开年会，领导还让他进行了模仿表演。这一次他全副武装，头戴圆顶硬礼帽，手持一根拐杖，还贴了一撮小胡子，在舞台上模仿了卓别林在雨中拿着伞跳舞的场景。他那诙谐形象的模仿，赢得了所有人热烈的掌声，也使年会达到了一个小高潮。

小林之所以受人欢迎，能给人们带来欢乐，正是因为他擅长模仿，用逗趣的模仿让自己变得幽默无比。

这也启发我们，如果一时找不到幽默的诀窍，无法让自己的话语变得妙趣横生，不妨运用模仿这个技巧。用逗趣的模仿来增加笑点，营造欢乐的气氛，自然可以得到别人的青睐。当然，模仿也是有技巧的，我们需要突出最逗趣、搞笑的内容，或是夸大某个人物最具特色的动作和语言，如此一来，幽默效果才能被强化。

后来，小林又喜欢上了××，开始模仿××的说话方式及其在电影中的招牌动作。一天，小林和几个朋友一起爬山，其中一个朋友因体力不支掉了队，小林催促他说："你快点爬，按照你的速度，我们恐怕中午也爬不到山顶。"掉队的朋友没好气地说："我要是爬得动，还用你催吗？"

小林开玩笑地说："你就是一只乌龟，体质弱，还爬得慢。"

掉队的朋友反驳说："你等着，看我追上你，怎么好好收拾你！"

谁知小林站在高处，模仿××的招牌动作，勾勾手指，大声说："你过来啊！"

大家见了，都爆笑起来。

可以说，凡是善于模仿的人，都是技巧高超的幽默者，能够把说学逗唱这些技巧发挥到极致。生活中很多可笑的人和事，都可以成为我们模仿的素材。不过，模仿不是简单地重复，需要别出心裁。当我们发挥自己的想象和智慧，把别人的话或是动作进行活用，自然会形成一种趣味。对于经典词句的模仿和篡改就是如此。

石董桶是南北朝时期北齐人，具有很高的幽默才能，深受高祖皇帝的喜欢。有一段时间，齐高祖喜欢上东晋文学家郭璞的《游仙诗》，时常和身边的臣子诵读。石董桶对此却很不以为然，他对齐高祖说："这首诗哪里那么好！我随便写一首诗都能超过它。"

齐高祖见他如此张狂，便训斥道："你真的是口出狂言！就凭你，也敢和郭璞比！"

石董桶面不改色地回道："如果我不能写出超过郭璞一倍的诗，请陛下赐我一死！"

齐高祖一听这话，立即说："好，那你现在就写。"

石董桶轻松自然地说："这首诗中就'青溪千余仞，中有一道士'最为经典。我的诗是'青溪二千仞，中有两道士'，陛下，您看是不是超过他一倍？"

他一说完，齐高祖和周围的大臣就因他的幽默而大笑起来。

确实，石董桶非常机智、幽默，也展现了他高人一等的智慧。他故意在原诗上进行修改，"千余"和"二千"、"一"和"两"形成呼应和对比，使得幽默气氛扑面而来。

模仿是一种简单易学的幽默沟通法，通过巧妙模仿，可以让幽默效果加倍，有机会的话不妨尝试一下！

# 出人意料，"笑果"会更好

　　不管什么事情，循规蹈矩固然好，但却缺少了一些惊喜、趣味，若能制造一些让人意想不到的情况，说不定会更让人内心雀跃。

　　比如，每年情人节给女友送花，请她吃浪漫的晚餐，这是绝大部分情侣的固定节目。如果你在女友以为又是"老一套"的时候，突然打破常规，带她到度假区来个一日游，肯定会让她惊喜不已。这是因为，你的实际行动和女友的推测不一致，事情的发展出乎她的预料，惊喜自然也就产生了。

　　同样的，如果我们总是按照一般的思维来说话，即便话再动听，也会让人感到沉闷、乏味，幽默也就无从谈起。如果我们能突破原来的逻辑，大胆打破常规，使现实与想象产生一种强烈的反差，给人一种极度不和谐的感觉，幽默效果就会大大提升。

　　一对幸福的夫妻养育着三个孩子，两个哥哥和一个妹妹，一家人非常友爱、幸福。一天，父亲从单位拿回一个漂亮的布偶，是某客户送给公司的样品。回到家后，父亲把三个孩子叫到身边，笑着说："爸爸只有一个布偶，应该把它送给谁呢？你们有什么好的提议吗？"

　　孩子们都沉默了，无法做出决定。很显然，大家都想要这个布偶，可又怕其他人不高兴。过了一会儿，父亲说："这样吧，为了公平起见，我们来投票吧。谁最听妈妈的话，从不顶嘴，我们就把这个布偶送给他，好吗？"

　　听了父亲的话，孩子们开口了，说道："爸爸，那这布偶应该给您！"听了孩子们的话，父母都大笑起来。

　　父母之所以会大笑，是因为孩子们的话出人意料，按照正常的思维逻辑，布偶是让孩子们玩的，肯定会送给他们，不管是哥哥还是妹妹。可孩子们却把它给了父亲，因为父亲"最听妈妈的话，从不顶嘴"。这结果一出，幽默感油然而生。

　　当然，孩子们是天真的，他们或许不知道自己的话营造了幽默的氛围。恰恰如此，幽默效果就更突出了。如果仔细观察，我们会发现，孩子时常会说出一些出人意料的话。比如，孩子问妈妈自己是从哪里来的，妈妈觉得这是给孩子进行性教育的好时机，于是耐心地讲起生殖过程。谁知孩子却一头雾水地说："是吗？

可我同学说他是从北京来的！"

再比如，妈妈教育小女孩穿裙子的时候不要让别人看到小内裤。过了一会儿，小女孩高兴地说："妈妈，我没有让别人看到小内裤！我把它装进了书包。"

这就是童言无忌。出人意料的童言无忌，常常令人会心一笑。所以，我们要向孩子学习，跟人说话时要打破常规和思维定式，力求从多个角度思考问题。思维活跃了，语言就丰富了，幽默的效果自然就会爆发出来。

公司有一位员工叫小李，他不仅聪明机智，而且情商高超，总能准确地把握场合和氛围，用恰当的幽默化解尴尬和紧张。

有一次，公司在举办一场重要的会议，各部门的负责人都到场。会议中，某个部门的负责人在讲话时突然喉咙不舒服，开始止不住地咳嗽起来。这时，小李站起来，拿出一瓶水递给他说："老板，这是我特意为您准备的口水，保证让您喉咙舒服！"这一句话不仅让会场一片欢笑，还成功化解了尴尬的气氛。

小李的幽默风趣不仅让他自己过得开心，也让身边的人们感到快乐和温暖。他的高情商让他能够在各种场合下应对自如，化解尴尬，让人们更加喜欢和信任他。

对于刚出生的孩子，一般人会送婴儿物品，这位朋友却打破常规，由孩子早产联想到性子急、上学早，再由上学早联想到必须早早准备书包。这一出其不意的做法，营造了与众不同的幽默效果。

正如人们所说："说蛋是盐水煮的不是幽默，而说是咸鸭子生的则是幽默。"如果我们要说的话，别人已经想到了，幽默就无从谈起。出其不意，想别人不敢想的，说别人没想到的，我们的话才能"笑果"十足。

这种反逻辑的幽默其实并不神秘，只要我们思考时不再总是想"我应该这样做""事情应该是这样"，而是运用发散思维或反向思维，思考"我为什么不那样做""事情为什么不可能那样"，便可找到不同的表达方式，取得与众不同的表达效果。

# 第三章 把分寸拿捏好

幽默不是搞笑，逗趣不能胡闹

☑ 拒绝庸俗，幽默是门高雅艺术

☑ 玩笑应该是善意的，否则就不好笑了

☑ 想要顽皮，还得看对象

☑ 不分场合的幽默，叫瞎扯

☑ 过犹不及，玩笑不要开得太多

☑ 幽默要讲素质，不拿别人的缺陷做笑点

☑ 幽默不在于话多，而在于能否把人逗笑

# 拒绝庸俗，幽默是门高雅艺术

在现实生活中，很多人不懂幽默的智慧，把握不好幽默的尺度，喜欢开一些低级庸俗的玩笑，或是讲一些粗俗的段子。比如，有些男性喜欢说一些低级、下流的笑话，不管是私下朋友聚会还是在办公室、饭桌上这种公众场合都肆无忌惮。若女生听不出其中隐晦的含义，他们会坏坏地发笑；若女生能够听出来，他们会更加肆无忌惮地大笑。

这是幽默吗？不，这是没有素养和口德。这些拿不上台面的笑话只会污染生活，拉低自己的档次，不但让听者生厌，而且是彻头彻尾的自我贬低。

那么，真正的幽默是什么呢？有人认为是调节气氛，有人认为是开些小玩笑，有人则认为是具有把别人逗笑的能力。这些确实都是幽默的表现，但绝不是幽默的真谛。幽默是一种智慧，它拥有高情商的力量，有丰厚的知识做积淀，有乐观的心态做支撑，更有一定的修养做基础。

恰如一位作家指出的，笑绝不是一件滑稽的事。谁要是把幽默只当做逗笑、滑稽，那就只能沦为庸俗。

小铭是个喜欢开玩笑的人，不管遇到谁，他都要调侃两句。有时候面对女性员工，他也毫无顾忌。女同事们都非常讨厌他这样的行为，不愿意搭理他，可他却觉得这没有什么，只当是茶余饭后的闲聊罢了。

有一次，他跟一位身材有点发福的女同事在工作中产生了分歧，明明是女同事说的在理，小铭没理，他就说："我不跟她争了，她胖得我大腿都拧不过她胳膊。"同事们哈哈大笑起来。女同事特别尴尬。

要知道，幽默不是拿人取乐，也不是单纯地满足自己的某些欲望。幽默是需要智慧的，拒绝庸俗、低俗，才能让人发笑，让人尊重。误将幽默理解为随心所欲的油腔滑调，甚至是低级无趣的玩笑，即使真的好笑，也失去了幽默原有的智慧，只剩下滑稽和庸俗。

正如老舍先生说的："幽默比滑稽的含义更广一些，也更高超一些。滑稽可以只是开玩笑，而幽默有更高的企图。凡是只为逗人哈哈一笑，没有更深的意义的，都可以算作滑稽，而幽默则须有思想性与艺术性。"所以，我们在修炼幽默技巧的同时，还应努力提升自己的文化修养，培养幽默细胞。如此，我们的幽默才能做到内容健康、格调高雅，给自己带来快乐和魅力，也给别人带来启迪和享受。

# 玩笑应该是善意的，否则就不好笑了

生活中不乏一些自以为幽默的人，动不动就开别人的玩笑，甚至把取笑别人当做乐趣。看到别人窘迫的样子，他们会得意地哈哈大笑，甚至还会怂恿身边的人笑。若对方表示不满或予以反击，他们会理直气壮地说："你这个人怎么不懂幽默，不就是开个玩笑嘛！""你真是太小气了，连个玩笑都开不起。"

他们不明白，幽默的人应该是宽容、坦荡的，否则就会成为低情商者，甚至是低级趣味者。

小陈是个自以为幽默的人，经常和别人开玩笑。但在所有朋友看来，她不是幽默而是毒舌，时常仗着所谓的幽默，嘲笑或取笑他人。

小陈的朋友中有一个很热心的大姐，每逢节假日或某人生日，她就张罗着大家聚在一起，以联络感情。本来这是很让人高兴的事情，大家都非常愿意参加，可小陈却时常拿别人开涮，弄得当事人十分尴尬，现场气氛冷到极点。

有一次，大姐组织朋友们去吃火锅，有个朋友因忙于工作，错过了中午吃饭的时间，便顾不得和大家聊天，多吃了几口。事后，她有些尴尬地说："不好意思，我从早上到现在都没吃饭，大家不要见笑啊！"

大家都笑着说："没事，没事。"

这时，小陈接了一句："你这个人可真会打算啊！下次大家都学学她，聚会前不吃饭，留着肚子多吃点，这样岂不是划算！"说完，她还夸张地笑着补充道："我是开玩笑的，你不要介意啊！"

还有一次，有个朋友买了件貂皮大衣，让大家看看上身效果如何。说实在的，这个朋友比较胖，穿上这件大衣更显得身材有些臃肿。就在大家考虑如何委婉地说出意见时，小陈又说话了："哎呀，大衣确实不错，不过我怎么觉得你穿起来像一只大熊呢！"

买大衣的朋友顿时不高兴了，回答说："你怎么说话呢？会说话吗？"

小陈丝毫没有意识到自己的言语之失，仍旧嘻嘻哈哈地说："我没说错啊！幸亏我们熟悉彼此，要不然，我还以为在和一只大熊说话呢！"听了这话，那个朋友瞪了她一眼，转身离开了，之后再也不愿和她来往。朋友们也看不惯小陈的言行，渐渐疏远了她。

生活中，像小陈这样说话的人不在少数，他们时常把握不好幽默的分寸，说出令人尴尬的话；明明知道说出的话令人尴尬，甚至会伤害别人，却依旧口无遮拦，然后再给自己找一个性格"直爽""率真"的借口。

不可否认，适当地开玩笑可以活跃气氛，增进彼此间的感情。但我们也该明白，幽默不能只取悦自己，还应取悦对方，给所有人带来快乐。简单来说就是，你高兴，我高兴，大家都高兴，这样的幽默才是真正的幽默。那种只为取乐自己、取笑他人，甚至不惜拿别人的缺点或伤疤来做话题的人，他所谓的"玩笑"并不是幽默，只会显示出他的无理、毒舌，说明他是一个低俗、没有教养的人。

千万不要小看所谓的"玩笑"的攻击力和伤害力，有时自己觉得没什么大不了的玩笑，却可能把别人逼入死胡同，造成无可挽回的后果。

这些缺乏善意的玩笑真的太可怕了，尤其是对性格内向、敏感自卑的人，足以把他们打入无底深渊。所以，"一个真正幽默的心灵，必定是富足，宽厚，开放，而且圆通的。反过来说，一个真正幽默的心灵，绝对不会固执己见，一味钻牛角尖，或是强词夺理，疾言厉色。"

幽默本质上是一种分寸感的把控，是一门高雅的艺术。幽默的人一定是智慧的、善良的，他不仅能用诙谐的语言给人带来欢乐，还能让人深思，给人带来温暖。

所以，我们一定要把握好玩笑的分寸，提升自己的修养，用幽默的谈吐把舒服感、愉悦感带给身边的每一个人。

# 想要顽皮，还得看对象

　　如果我们用心观察，会发现身边的人不管性格、心理还是为人处世，都存在很大差异，意趣也不尽相同。有些人风趣幽默，喜欢与人说笑；有些人性格内向，不苟言笑；有些人天生严肃，不喜欢开玩笑；有些人天生心思敏感，对任何事情都比较较真，很有可能被别人自以为是的幽默所激怒。

　　所以，开玩笑还要看对方的性格、心理以及喜好。因为任何幽默的话都是说给别人听的，都是为了取悦别人，而不是一个人的狂欢。如果别人不接受或是不能理解我们的幽默，不仅没有逗乐效果，反而会使双方陷入尴尬的境地。

　　　　小廖为人大大咧咧，平时见到人都会调侃几句——看到许久未见的朋友，他会笑着说："你怎么还活着！"朋友知道他的性格，通常会回敬他一句："你都没死！我当然得活得好好的。"说完，两人哈哈一笑拥抱在一起。看到关系不错的女同事，他则故意贱贱地说："哎哟，你最近吃了什么，该减肥了！"女同事则毫不在意地说："哼！我才不胖呢！"

由于喜欢开玩笑，性格又不拘谨，小廖的人缘还不错，朋友们都喜欢和他来往。可是，有一次他却因开玩笑"翻了车"，得罪了一个新来的同事。这个同事的性格比较沉闷，做事一丝不苟，平时很少与人说笑。

有一天，这个同事从经理办公室出来，脸色不太好，显然是遭到了经理的训斥。同事们询问之后才知道原来是他的策划案有几个小问题，影响了项目进度。经理责令他必须当天晚上加班完成修改。

听完他的讲述，小廖嘻嘻哈哈地说："这么简单的事情，还至于加一晚上的班？你看你，脸憋得通红，好像猴子的屁股。"在场的人一听都笑了，新同事的脸则更红了，狠狠地瞪了小廖一眼就离开了。小廖这才知道自己说错话了。

其实，小廖的本意是想活跃气氛，减轻新同事的精神压力。他开玩笑说新同事的脸成了"猴子的屁股"，本是一种幽默的说辞。但新同事不苟言笑，便觉得小廖的话是在贬低、羞辱自己，他的自尊心受到了严重伤害，所以才愤然离开。

由此可见，幽默虽然是调节气氛的灵丹妙药，但用在错误的人身上，就会成为破坏关系、激发矛盾的"毒药"。

不幸的是，我们身边总有一些人喜欢乱开玩笑，俏皮话连篇，还喜欢搞一些恶作剧。更有甚者，有些人说话不分场合，不看对象，一味地插科打诨，结果得罪了他人还不自知。

比如下面这个小故事：

一位女士到一栋大楼办事，她刚要推开大厦的玻璃门，一位男士就急匆匆地冲过来，率先进入大厦。好在他还算有礼貌，没有忘记有个女士要入内。

这位女士被男士的鲁莽所惹怒，心生不满，便调侃道："如果因为我是女士而为我开门，那还是算了吧！"

男士笑着说："不，您理解错了。我为您开门，是出于对长者的尊敬。"

听了这话，这位女士更加不满，狠狠地踩了男士一脚便离开了。

为什么这位女士会生气？很简单，但凡女人都很介意别人拿自己的年龄开玩笑。这位男士恰好踩中了"雷"，他以为自己很幽默，没想到却激怒了女士。

所以，幽默是要看对象的。一句玩笑话，适合对男士说，却不一定适合对女士说；一个幽默的话题，一个人听起来可能是娱乐，另一个人听起来却可能成为侮辱。如果只顾着自娱自乐，忽视别人的想法和接受能力，我们的幽默也将黯然无光。

# 不分场合的幽默，叫瞎扯

幽默是一把双刃剑，用好了，锦上添花；用不好，往往会坏了大事。

生活中，有些人想要成为幽默的人，却把握不好幽默的时机和场合：别人正在认真地讨论正事，他却插入一句毫不相干的玩笑话；别人正因为某件事而伤心难过，他不安慰也就罢了，反而说些调侃、讽刺的话语；在严肃的会议、庄重的活动中，他因为自己来了兴致，便一味乱搞笑、乱幽默。

要知道，不管别人高兴不高兴，开不合时宜的玩笑，不叫幽默；不尊重他人，不顾及他人的感受，自己觉得好笑，别人听了却难受，不叫幽默；不管什么场合，都故意幽人一默，更不叫幽默。

下面这个故事便属于不分场合的幽默：

在一次国会上，美国总统里根准备发表演讲。为了试试麦克风是否好用，他决定随便说些什么。于是，他拿起麦克风，开玩笑地说："先生们、女士们，请注意，五分钟之后，我们将对苏联进行轰炸。"

一时间，国会现场沸腾了，所有参会人员大声质问："这是真的吗？""您要发动战争吗？""这会引起第三次世界大战！"……

很快，这条"消息"传遍了世界各地，造成了非常恶劣的影响。所有国家都议论纷纷，苏联政府更是对美国提出强烈抗议。尽管里根再三申明那只是一句玩笑话，但苏联政府并不这样认为，最后里根不得不郑重地道歉。

日常生活中，朋友之间互相幽默一下、开个玩笑是很正常的事情。但在某些特定场合，如果完全不考虑具体情况，随意说些与现场气氛不搭调的玩笑话，只会将自己置于尴尬的境地，甚至可能引发更大的冲突。

里根幽默吗？他的话好笑吗？当然不！他在如此严肃的会议和庄重的场合说出那句自以为是的幽默话，不仅是对自己和他人的不尊重，更给自己和美国招来了很大的麻烦。

所以，幽默是有前提的，我们要知道自己的身份，并且符合当时所在的场合。如果我们的幽默与当时的形势及场合不协调，搞笑就会变成"搞事"，幽默就会变成"瞎扯"。

我们不妨看看这样的鲜明对比：

枯燥的会议已经持续了一个多小时，休息的时候，别人说个小段子，你会觉得身心瞬间舒畅了。可是，当大家都在聚精会神研究某一问题，为了攻克难关而愁眉苦脸时，突然有人说了一句毫无关系的笑话，你还会觉得好笑吗？

朋友聚会，大家聊得热火朝天，别人故意调侃你找不到女朋友，相信你只会哈哈一笑。可你刚刚失恋，心情郁闷，突然有人说你"一身臭毛病""注定孤独"，你还会觉得好笑吗？

在轻松的场合，朋友因某件事而难过，你想幽默一下安慰对方，打破悲伤的气氛，完全是可以的。但如果有人刚刚失去亲人，沉浸在悲痛之中，那就绝对不可以开玩笑。

不管什么时候，幽默都是一种情绪调节剂，可以给大家带来快乐，但一定要考虑时机和场合。关于这一点，下面故事中的小亚就做得非常好。

　　小亚是一个幽默感十足的女孩，而且能把幽默运用得恰到好处。工作中难免有思路不畅的时候，别人都愁眉苦脸，她却时常俏皮地说："我今天没吃早饭，肚子空空的，脑袋也是空空的。看来，中午得多吃些美食了！"一句俏皮的自嘲，逗得大家哈哈大笑，也缓解了压抑、紧张的气氛。

　　与朋友相处，她也会不时调侃一下好友。有一次，几个朋友聚会，其中两人为了盘中的烤鸡是母鸡还是公鸡而争论起来。小亚故意仔细地看了看，然后幽默地说："我不知道它是公鸡还是母鸡，不过我倒是知道，你们要是再继续吵下去的话，可就成为'斗鸡'了。"听了这话，那两位朋友瞪了她一眼，装作生气地说："你才是斗鸡呢！"随后，大家都乐了，气氛又恢复了之前的和谐愉快。

　　小亚真的很聪明，到什么山唱什么歌，在什么场合说什么话，所以总是能给人们带来欢乐，受到人们的欢迎。

　　如果你也想要像小亚那样，首先要学会看清对象和场合再开玩笑！把人、事、情巧妙结合起来，灵活运用幽默的语言，让人会心一笑，这才是真正高情商的幽默。

# 过犹不及，玩笑不要开得太多

幽默是个很好的沟通技巧，但要注意，爱开玩笑不能成为你的个人标签。如果你不管什么场合和时机，总是嘻嘻哈哈，甚至在处理关键问题时也开玩笑，那么在别人心里，你就会成为一个不稳重、没正经的人。

这样一来，你的话就会缺少力度，你这个人也会缺乏可信度。有时即便你认真地说一件事情，别人也会以为你是在开玩笑。最为严重的是，在生活中，身边的人会因为你轻浮而不尊重你；工作中，领导会因为你不稳重而不信任你。如此，你岂不是自讨苦吃？

道理人人都懂，但有些人就是无法做到。小宋便是如此。

小宋平时喜欢开玩笑，且总是不分时间和场合地乱开玩笑。

　　小宋有几个关系不错的朋友，性格各不相同，唯一相同的就是都被小宋调侃过。在这几个朋友眼中，小宋是一个不正经的人，说十句话只能信一句。小宋对此却毫不在乎，还觉得自己幽默机智。

　　有一次，一个朋友带来一位美女同学给大家认识，并且笑着说："这位美女还没有男朋友，大家多为她介绍一下啊！"小宋听了，立即说："还介绍什么，这不就有现成的人选吗？"他见大家愣了一下，继续说："就是我啊！我这么帅气有才，岂不是最佳人选？"

　　小宋这话有玩笑的成分，也有真诚的成分，且真诚多于玩笑，因为他对美女一见钟情。可大家都知道他爱开玩笑，便训斥他说："你和我们乱开玩笑就算了，不要吓坏人家！"说着，便和美女说起他的"丰功伟绩"。美女知道小宋的为人后，便也不在意了。

　　后来，小宋对美女越来越有好感，多次向她表白。可美女总以为他在开玩笑，也以玩笑的口吻应对。最后，小宋只能眼睁睁地看着自己喜欢的人投入别人的怀抱。

　　这又能怪谁呢？如果小宋平时不开那么多玩笑，不给人留下轻浮、态度不认真的印象，结果就不会这样了。

可见，玩笑虽然不错，但也不能总开。玩笑开得多了，人们就弄不清楚你什么时候说真话，什么时候说假话。还记得那个说谎的放羊小孩吗？他一开始和村民们开玩笑，说狼来了，村民都信以为真。多次欺骗之后，他的诚信已经消耗殆尽。当他真的求救时，村民仍以为他在开玩笑和说谎。结果，他的羊全部被咬死了，自己也差点丢掉性命。

杂志上有过这样一个故事：

　　某部队有一只军犬，它是最出色、最勇敢的，只要训导员一声令下，它就能把隐藏的目标找出来。可是，就是这样一只优秀的军犬，却被训导员的玩笑给毁掉了。

　　一天，训导员训练军犬寻找偷盗物品的"小偷"。随着一声令下，它立即锁定目标，把"小偷"拖了出来。完成任务后，军犬跑到训导员身边等待嘉奖，谁知训导员大声喊道："不是他，再去找！"

　　军犬很诧异，它相信自己没有找错，可是它认为训导员不可能会骗自己。于是，它再次回到人群，重新寻找目标。这一次，它依旧锁定之前那个人，认定他就是"小偷"。训导员再次否定："不，不是他，再去找。"

　　军犬开始焦躁起来，它一边回头看训导员，一边仔细地嗅辨。它相信自己是对的，"小偷"就是之前自己锁定的那个人。没错，它再次把他拖了出来。这一次，训导员更加大声地训斥："不对！不是他！绝对不是！"

军犬的自信完全被击溃了，变得更加焦躁。它焦急地在每个人身边嗅辨，并且停留许久，最后终于找出了新的目标。

然而，等它把"小偷"拖出来时，训导员和所有人都哈哈大笑起来。军犬不知道发生了什么，愣愣地盯着训导员。这时，训导员说："你之前是对的，可是你却没有坚持，最后找错了对象！"听了这话，军犬痛苦地叫着，眼神中充满了迷茫和疑惑。

后来，这只军犬不再有之前的凌厉和敏锐，眼神变得呆滞，不再听从训导员的管教。因为它对训导员已经失去了信任，不知道训导员什么时候会骗自己。

人们常说"过犹不及"，我们要学会幽默，懂得开一些玩笑，但玩笑千万不能出格，更不能故意误导别人。

只有把握好玩笑的分寸，适可而止，你才不会成为轻浮而又不值得信任的人。

# 幽默要讲素质，不拿别人的缺陷做笑点

　　我们身边总有这样一种人，他们喜欢口无遮拦地揭别人的短，甚至以他人的缺陷为笑点。似乎看到别人窘迫的神情、受伤的眼神，他们就会得到异样的快感。似乎嘲笑他人的缺点，就可以让他们显得高人一等。

　　实际上，随意调侃别人的缺陷，以别人的缺陷为笑点是一种很没有素质的行为。这所谓的玩笑，顶多只能算是低级的幽默，是愚蠢之人的自娱自乐，不仅伤害了别人，还凸显了自己的无理、无脑和无聊。

　　遇到好说话的人，这样的人顶多被怼几句，使自己陷入尴尬的境地。但遇到脾气暴躁、不好惹的人，就很可能因为自己"嘴贱"而惹祸上身。

　　某公司销售人员小马平时不太注意说话的分寸，喜欢跟人开玩笑，还自诩是幽默达人。可很多时候，他开的玩笑只有他自己觉得好笑，别人则感到有些尴尬或不舒服。

　　比如，公司有个女同事身材不太苗条，性格随和，长得也非常可爱，就是个头不高。结果，小马就经常叫她"小胖妹""圆萝卜"。有一次，女同事穿了一件红色的连衣裙来上班，她刚迈进办公室，小马便指着她说："哈哈，小胖妹，你这是从哪里买的衣服，远远看去，我还以为是一个大圆萝卜走了过来。"

　　这番话说得女同事的脸立刻就红了，她愤怒地说："你有病啊！会说话吗？不会说就闭嘴！"

　　小马仍毫不在意地说："怎么了？你本来就像圆萝卜，还不让人说！"

　　女同事这次没有像之前那样忍让，反驳道："原来你真不会说话！你的嘴只会喷粪，我说咱们办公室怎么这么臭！"说完，她就不再理会小马，小马则被怼得无话可说。

　　还有一次，小马差点和另一个同事打起来，就因为他开了一个低级玩笑，拿人家的缺点开涮。这位同事才三十多岁，可头顶的头发已经掉得没剩几根了，平时到处找生发、养发的秘方，很不愿意谈关于头发的话题。

　　小马却不管这些，两人讨论问题的时候，他口无遮拦地说："你小子还真厉害，真是热闹的马路不长草，聪明的脑袋不长毛。"一句话就把这位同事惹怒了。要不是有其他同事拉着，恐怕就要打小马了。

由此可见，幽默是有讲究的。完全不顾及别人的感受，以开玩笑为借口，借机对他人冷嘲热讽，又怎能让别人高兴呢？

高端的幽默应该是善意、高雅的，既能免除尴尬和不适，还能娱人娱己。

更何况，幽默说到底是一种表达方式，是我们与别人沟通交流的手段。只有做到顾及他人感受，取悦他人内心，才能更好地实现情感交流的目的，使彼此的关系更加融洽。相反，则可能变友为敌。

一天，一个博士坐船欣赏风景。

在船上，博士问渔夫："你会生物吗？"渔夫说不会，博士就说："那你的生命就要失去4分之1了。"

过了一会儿博士有问："你会哲学吗？"渔夫还是不会。博士又说："那你的生命又要失去4分之1了。"

又过了一会儿，博士又问了："你会科学吗？"渔夫仍然不会。

就在这时，狂风乱作，卷来一股巨浪，渔夫问博士："你会游泳吗？"博士说不会，渔夫说："那你的生命就要玩完了！"

生活中，与他人交流时，无论是什么身份、地位，也不能揭对方的短，更不能故意拿来当笑料。

试想，你总是借着开玩笑，拿别人的缺陷做笑料，或是满足自己的虚荣心，或是取乐自己，根本不管别人会不会受到伤害，别人又怎么愿意和你继续交往呢？

所以，不管有意还是无意，说话做事都应该有素养，不拿别人的缺点和隐私做话题，更不可取笑、讽刺别人！

# 幽默不在于话多，而在于能否把人逗笑

曾经看过这么一个故事：

　　我有一次参加朋友的婚宴，场面布置温馨幸福，一片欢天喜地，个个满面春风。可正当结婚仪式举行到一半的时候，舞台中间那个大大的红色的囍字突然掉了下来，场面气氛瞬间僵硬了下来。台上的新娘子的脸色也立刻变了，狠狠地看了一眼新郎，台下也有宾客在小声的议论："这都能掉下来……？这……"！双方父母脸色更是难堪。

　　这时，只见旁边的司仪轻轻敲了一下麦克风，用高亢的声音说了一句："亲爱的朋友们，这是我们给新娘新郎特意安排的一个小插曲，喜事从天而降，这代表喜从天降，大吉大利"。

此话一出，全场响起了热烈的掌声，新郎新娘更是喜笑颜开！

很多时候，一两句话可以表达一个人的观点，但无法表达其感情。尤其是对诗歌来说，必要的重复是对感情的强调和渲染。但有一点年轻人没有说错，在某些场合，话不在多而在于精，否则就会沦为啰嗦。

幽默更是如此。很多时候，一句简单的玩笑，一个恰当的反讽，一个夸张的语气，就能起到很好的幽默效果。过分地修饰或陈词滥调，反而让人生厌，难以获得预期的幽默效果。

你能想象一个人滔滔不绝地说着所谓的"笑话"，一句接着一句，想用长篇大论把人逗笑的情形吗？相信这样的"幽默"没有几个人能耐心地听下去，也无法真正让人会心一笑。就好像一个人挠你的脚心，你会哈哈大笑，但他如果不厌其烦地挠，用尽全身力气来挠，恐怕你就只想哭了吧。

实际上，与其说一些人的滔滔不绝、长篇大论是在活跃气氛，不如说是在卖弄其"幽默"，故意用一些华丽的词语、夸张的修辞来"逗弄"对方。如果对方不笑，他们就会更加卖力，非要搞出一些"笑果"来。这和挠人家的脚心又有什么区别呢？

所以，与人沟通时，一定要注意语言的简洁，一句话能搞定的事情，切不可啰啰唆唆、没完没了。简洁的语言是赢得他人欢心的重要技巧，它既能让我们的幽默通俗易懂，又能抓住对方的注意力，引人发笑。

　　有一个笑话说：一位新郎因为在接新娘的路上堵车迟到了，他给新娘打电话解释时，没有长篇大论地请求原谅，也没有故意逗乐。新娘刚一接听电话，他就焦急地说："我在堵车，要晚一点到。在我到达之前，你千万不要和别人跑了啊！就我这龟行的速度，可追不上你！"

　　一句风趣的话表达了他的歉意及对新娘的在乎，同时也起到了活跃气氛的作用。果然，新娘会心一笑，说道："行行行，你就慢慢爬吧！我等你！"

幽默不是深思熟虑的产物，而更像是智慧积累后的迸发，讲究随机应变。幽默不是强行搞笑，而是需要用智慧来支撑，在恰当的时机灵光一现。这犹如扔下一粒沉甸甸的石子，就能在湖面激起层层波浪；一句简单的话语，就能让人会心一笑。

当然，说话简洁不是将语言简单化，更不是能说两个字非要说一个字，它恰恰是一种对幽默语言的更好利用，是应变能力的一种体现。一个幽默的人，必定不是唠唠叨叨的人，更不是长篇大论的人。他能够在绝大多数情况下控制好自己的节奏，妙趣横生地表达自己的观点。

我们来看看某飞行员是如何用简短幽默的语言来征服所有人的！

有两位飞行员完成了具有划时代意义的壮举，一时间成为世界上最受追捧的人。有一次，两位飞行员到法国旅行。法国政府得知这个消息后，不顾他们的意愿，为他们举办了一场热闹的欢迎宴会。

会场上，所有法国名流贵族悉数到场，想要结识这一对飞上高空的飞行员，同时邀请他们给大家讲讲话。碍于人们的热情，一位飞行员不得不走上讲台，但他只说了一句话："据我所知，鸟类中会说话的只有鹦鹉，而鹦鹉是飞不高的。"

飞行员用这一简单风趣的比喻表明自己的观点——自己喜欢实干，不喜欢讲空话。当然，他的幽默风趣也赢得了众人的称赞，给人们留下了深刻的印象。

所以，想要以幽默来赢得人心，就不要妄图用连续几个没营养的笑话去逗乐人家，也不要非弄些"好玩""搞笑"的词语来挠别人的痒。事实上，挠痒痒不会使人快乐，还可能令人反感。换个角度来说，如果简短的幽默更具吸引力，又何必长篇大论呢？

# 第四章 让社交更有效

## 幽默强化魅力，人缘越来越好

☑ 每一个社交达人，都是幽默高手

☑ 得体的幽默，能提升你的魅力指数

☑ 说话越幽默，越有亲和力

☑ 幽默三两句，瞬间拉近心理距离

☑ 谈判也幽默，轻松搞定合作

☑ 趣味思考，轻松为自己打圆场

☑ 幽默地拒绝，让人愉快地接受

# 每一个社交达人，都是幽默高手

很多人认为与人沟通是件难事，必须认真对待才能尽快实现沟通的目的。能够认真对待当然很好，但这样想容易让人紧张、严肃，不利于营造良好的谈话氛围，难以让对方心情愉悦地坐下来交谈。

这是因为，每个人都希望与人愉快地交谈，希望别人能给自己带来快乐。而现在他们只能承受你的折磨，又如何能敞开心扉呢？如果能试着让自己轻松下来，变得有趣一些，问题往往能迎刃而解，你也会成为受人欢迎的社交达人。

小庄和小睿是大学同学，两人性格不同，长相有些差距。小庄非常帅气，性格却有点沉闷；小睿有些瘦小，长相普通，但是非常受人欢迎。

其实，小庄和小睿的差距就在于他不懂的幽默。有一次两人到餐厅用餐，竟然在汤里发现了一只死蟑螂。小庄觉得非常恶心，怒气冲冲得把服务生叫过来，坚持要找老板谈谈，服务生无可奈何，只好跑进厨房去找厨师。

厨师急忙赶过来，看到汤里的蟑螂，惊慌不已，在围裙上用力揉搓双手，惭愧的满脸通红，声音颤抖地对他们说："对……对不起，我愿意补偿你们，这顿饭就由我请客，而且另外再奉上好汤和点心。请不要对我们老板说，好不好？不然我会被解雇的。"小睿见厨师那可怜的样子，有些于心不忍，于是拍了拍小庄的手背，对厨师说："不用了，不过，下次你要是看见蟑螂想爬进汤碗里，要先教会他游泳，不然就得丢给它救生圈。"

小庄一听这话，不由得扑哧一声笑了出来，紧张的气氛也缓和了下来。


现在你明白小睿为什么受人欢迎了吧？小睿是一个懂幽默的人，也是一个高情商的人，所以才成为了社交达人。在这方面，相信大家都深有体会：和一个幽默风趣的人相处，我们会倍感轻松，沟通起来也更加愉快；而与不苟言笑的人相处，则会感到郁闷和压抑，不自觉地敬而远之。

一个幽默的人，无论走到哪里，都能产生影响。他把欢笑带给人们，把舒适植入人心。恰如美国一位心理学家说的那样，幽默是一种最有趣、最有感染力、最有普遍意义的传递方式。

幽默的人，不仅能用妙趣横生的方式让自己脱离尴尬，更善于把单调的气氛调动起来，缓解他人的尴尬，为彼此的沟通创建一个良好的环境。

马克·吐温是著名的小说家，也是一个非常幽默的人。一天，他到某个小城出差，住在一家小旅馆里。友人告诫他，那里比较偏僻，蚊子非常多，时常让人睡不着觉。

马克·吐温不以为意，当他在旅馆登记时，发现那里的蚊子真的很多，还有一只超大的蚊子在他眼前盘旋。

店员见状，立即抱歉地说："不好意思，我们这里蚊子真的很多。"

马克·吐温幽默地说："确实如此，而且它们看起来都很聪明，知道预先看好我的房间号码，以便晚上好好美餐一顿。"店员们听了，都哈哈大笑起来。

事实上，马克·吐温那晚睡得很香，并没有遭到蚊子的袭击。他不知道的是，是他幽默和宽容触动了店员，他们花费了很长时间为他驱赶蚊子。

在与人交往的过程中，幽默的作用就是如此巨大。只要我们运用好有趣的语言，就可以获得别人的喜欢。

# 得体的幽默，能提升你的魅力指数

只要你学会了幽默，就可以轻松让人见识到你的友善、风趣，消除内心的排斥和疑虑。当对方从内心开始喜欢、接受你，接下来的交流岂不是水到渠成？

小李是一个事业、长相都很普通的男人，可是他很乐观、热情。这些性格特质让他非常受人欢迎，能迅速把陌生人变成朋友。当然，结交朋友并不是有了乐观和热情就能无往不利，很多人其实不喜欢别人太热情，因为这会让他们感到不自在。

小李在某次会议上遇到的新朋友小王就是如此。面对小李的热情，她有些回避和躲闪。聪明的小李看出了小王的拒绝，他决定改变方式——用风趣的语言消除彼此间的距离。

小李笑着说："说实在的，我也不喜欢参加这样的会议，因为我不得不找一些诸如天气、物价等无聊的话题与人攀谈。"他之前就热情地与小王谈论着这些。

小王客气地微笑着，没有说话。小李继续说："我相信你肯定也有一样的想法，不如我们下面谈些其他话题吧！"

小王敷衍道："你想谈什么话题？"

小李说："大家都说男人爱吹牛，其实这一点也没说错，我平时就喜欢吹牛。"

小王笑了笑，说："哦？那你是怎么吹牛的？"

小李一本正经地说："我最喜欢的笛子，我给它取名叫阿牛。我每天都吹它，并且吹得还不错！"

小王先是愣了一下，然后哈哈大笑起来。之后，小李又"一本正经"地说了几个小笑话，小王明显放松了许多，和小李愉快地交谈起来。告别的时候，小王对小李说："很高兴和你交谈，你是我见过的最有趣的人。"

看，懂得幽默的人就是有魅力，这话一点都不假。

幽默的人善于和陌生人打成一片，而且他们往往是团体中的明星人物，人际关系非常和谐。这并不是说一个人的其他特征不重要，如诚信、友善、热情、宽容、乐于助人等，这些特征使得一个人具有吸引力和影响力，但如果再加上幽默，个人魅力指数又会提升很多。

可以说，幽默是人与人之间沟通的法宝，也是我们与朋友增进友情的助推器。为了促进友谊，我们可以和朋友开些得体的玩笑，或者戏弄一下朋友，这样一来，生活会变得丰富多彩且充满乐趣。

一天，诗人海涅正在写作，突然收到了朋友梅厄寄来的包裹。因为思路被打断，海涅内心很不痛快。打开包裹之后，他更加哭笑不得。原来裹了一层又一层的包裹里竟然只有一张字条，上面写着："亲爱的海涅，我现在非常健康和快乐。同时，衷心地祝福你健康而又快乐！你的朋友梅厄。"

海涅知道朋友在捉弄自己，也知道梅厄实际上是为自己好——梅厄知道他沉迷写作，所以时常搞些小把戏，让他能休息一下。为了感谢朋友的惦念和关心，海涅也准备和朋友开一个小玩笑。

几天后，梅厄收到了海涅邮寄的包裹——一个又大又重的包裹，几个人才能抬得动。梅厄感到非常奇怪：这究竟是什么东西，竟然这么重？等他打开之后才发现，里面竟然是一块巨大的石头，除此之外还有一张字条，上面写着："亲爱的梅厄，我收到你的信，知道你健康又快乐，我心里的大石头终于可以落地了。现在，我把它寄给你，表达我对你的感谢和思念。你的朋友海涅。"

　　海涅和梅厄用幽默的方式表达了友情，更增添了彼此生活中的小情趣。需要注意的是，幽默和戏弄不是一回事，千万不要打着幽默的旗号戏弄朋友，否则不仅无法让对方笑出来，还可能让对方恼羞成怒。

　　幽默，从表面上看是一种把人逗笑的能力，实际上也是一种生活的智慧。一个人只有心态良好、乐观积极，才会说出让人会心一笑的话语；一个人只有拥有广博的知识，才有足够的谈资，妙语成趣；同时，一个人只有机智敏锐，才能用诙谐的语言让别人放松，从而愿意接受自己。

　　所以，不管你是男性还是女性，不管你是美还是丑，不管你是成功人士还是普通人，如果想要提升个人魅力，那就应该努力提升自己的幽默技能，修炼幽默表达的艺术。这样，你的言谈举止就能够吸引更多的人，你的人格魅力也将大大提升！

# 说话越幽默，越有亲和力

 

不管是跟朋友聊天还是与陌生人交谈，在进入正题之前，都少不了寒暄。常见的寒暄方式通常是见面时客气地问候一下："你好，今天天气不错啊！""最近好吗？我们好久不见了！""你好，见到你很高兴！"

说实话，这样的寒暄太普通且千篇一律了，说得多了，听得多了，难免让人感到厌烦，无法留下良好的印象。换位思考，若别人见到你每次都是这样问候，你是不是也会感到无趣？是不是也会习惯性地敷衍一下？如果这样的话，你就不能怪别人不愿意热情地对待你的寒暄了。

既然如此，我们应该主动改变说话方式，在寒暄时巧妙使用幽默风趣的语言，促使谈话气氛变得愉快一些，从而加深别人对我们的好印象。

有幢居民楼里搬来了一位新邻居，是个年轻帅气的小伙子。一般来说，城市里的人每天早出晚归，很少和邻居交往，即便见面也只是点点头问候一下。所以，一幢楼里的人，大多数成了"最熟悉的陌生人"。

这个小伙子就不一样了，没几天就把大部分邻居处成了朋友，很多老人看到他就像看到亲人一样。这完全是因为他说话幽默，让人感到亲切、有趣。比如，见到三楼的李大爷在小区公园锻炼，他就会幽默地说："大爷，您这么早就出来锻炼啊？怪不得看起来比我们都年轻！"李大爷故意板着脸说："你这小子真会说笑，我怎么可能比你年轻！"

小伙子笑着继续说："大爷，您怎么换成一副冷若冰霜的面孔了？我得赶紧走，要不然就可能被冻住了，上班迟到可是要罚款的！"几句话说得李大爷哈哈大笑，越来越喜欢这个幽默的小伙子。

一天，小伙子因为有急事比往常早些时间出门，恰好遇到刚出门锻炼的李大爷，他故意惊讶地说："李大爷，您今天怎么晚了！您看，我这都出门上班了，难道您也赖床了？"李大爷愣住了，赶紧看看手机——没错，正好是六点半。李大爷一抬头，只见小伙子在那里得意地笑着，还冲他做了一个鬼脸。

小区里的孩子们也非常喜欢这个小伙子，因为他总能逗得孩子们哈哈大笑。看到小女孩被妈妈领着去上学，他会笑着说："这是谁家的小可爱要去上学啊？""妞妞，今天打扮得这么漂亮，你肯定是全班最受欢迎的小美女！"

比较一下，小伙子这些幽默的寒暄，是不是比干巴巴的"你好，大爷，正在锻炼啊""大爷，您去锻炼吗""小妹妹，和妈妈一起上学吗"要好得多？

幽默的问候，不但能让对方心情愉悦，而且显得自己很亲切、热情，对促进交流、增进感情有很大的帮助。所以，有幽默细胞的人，让人感觉没有距离感，时时刻刻都表现出比别人更强的亲和力。他们喜欢用幽默的方式来表达自己，也让对方感到轻松和快乐。就像娱乐圈的贾玲、沈腾、黄渤，他们的观众缘非常好，让人感觉和他们在一起没有一丝压力。

事实上，让自己说话变得幽默并不难。我们平时寒暄、问候的话题，完全可以换一种说法。比如天气不好，不要简单地说："哎，今天天气真糟糕，怎么就下起雨了！"换一种说法，比如："你说这龙王怎么说变脸就变脸，简直比我家那个淘气的小子还善变！""这雨再继续下，这里就成游泳场了。看来，我得买个救生圈！"

又如，天气转好了，可以幽默地说："我说天气怎么转好了，原来是因为遇到了你啊！"这幽默的赞美，谁不爱听！

再如，我们平时遇到熟人，最寻常的问题就是"吃了吗""吃的什么"……这样的寒暄听起来没有任何问题，但总觉得有些呆板。若能加一点幽默，效果立刻就会不一样——"你晚上吃了什么好东西？瞧瞧，这嘴上全是油水！要是知道你吃好东西，我就找你蹭饭了！"话语中带着幽默，给他人带来快乐，又促进了彼此的感情。

剧作家萧伯纳说："没有幽默的语言是一篇公文，没有幽默感的人是一尊塑像，没有幽默感的家族是一间旅店。"幽默就是一种亲和力和凝聚力。要想成为社交达人，让人愿意亲近你，你必须强化自己的幽默细胞，让单调的寒暄变得有趣，让枯燥的交谈变得轻松愉快。当你成为一个具有幽默感的人，就可以在人群中如鱼得水了。

# 幽默三两句，瞬间拉近心理距离

幽默是社交场合的润滑剂，是打开别人心门的万能钥匙。在与人交往的过程中，有时说上两三句幽默的话语，可以迅速拉近双方的距离，赢得对方的喜欢和尊敬。同时，幽默还是一种实用、高端的沟通技巧，能够让人化解眼前的困境，缓解与他人的矛盾。

这是因为，当一个人笑的时候，内心就会放松，防卫就会解除；当一个人笑的时候，心情就会变得愉快，更容易接受别人的意见。生活中那些高情商的人，往往就是通过幽默的语言来感染他人、应对紧急情况的。

下面我们来看看一个有趣的故事：

一位顾客在一家饭店点了一只龙虾，当龙虾被端上桌时，他发现盘中的龙虾少了一只虾螯。顾客非常生气，认为这家饭店欺骗消费者，便愤怒地让服务员找来老板。

他指着那只龙虾问道："请你解释一下，为什么这只龙虾少了一只虾螯？"

老板被问得愣住了，因为他从来没有遇到过这样的情况。但他很快便反应过来，幽默地说："非常抱歉，这是我们的错。不过，您应该知道，龙虾是一种非常凶残而又好斗的动物，这只龙虾可能之前和其他龙虾争斗过，因为战败失去了自己的虾螯。"

听了老板幽默的解释，顾客的怒气消了很多，随即说："既然如此，为什么你们不给我那只战胜的龙虾呢？"

老板见顾客怒气已消，瞬间松了一口气，然后笑着说："现在这只龙虾已经做熟了，不能再调换了。不过，您下次光临时，我一定给您那只打赢的龙虾！"

就这样，因为饭店老板的幽默，一场即将发生的冲突被平息了。面对顾客的质问，饭店老板没有慌张地为自己辩解，也没有固执地为自己狡辩，而是机智地选择用幽默诙谐的话语。当然，这位顾客也是幽默感十足的人，所以在饭店老板用幽默的话语进行调侃时，他也给了幽默的回应。正是两人幽默的互动，三言两语就让气氛变得轻松起来，从而使问题得以顺利解决。

有些人可能会认为，陌生人或不熟悉的人之间的幽默，可以迅速拉近彼此的关系，让人充满亲和力，但知己好友之间就不需要那么客套了，也没有必要用幽默的技巧来维系关系。这种想法显然是错误的。

谁说知己好友间就不需要幽默？和朋友相处，互相打趣和揶揄一番，甚至恰当地"嘲讽"一下，都可以增进彼此的感情，拉近彼此的心理距离。

一天，小丽和朋友小慧出去逛街，小丽看到小慧背了一个包，然后脱口而出说："你这个包和我妈妈背的那个一样呢！"说完之后小丽才发现自己说错话了，场面有点尴尬，但小慧笑着说："这个包也是我妈妈帮我选的，可能妈妈们的眼光都差不多吧！"

因为机智的幽默，气氛也变得欢乐起来，二人彼此的关系也更加深厚。

确实，朋友之间的交谈就应该是轻松、愉快的，开个得体的玩笑，制造一些笑料，往往可以产生更好的效果。

# 谈判也幽默，轻松搞定合作

任何场合都可以幽默，谈判也不例外。

不要觉得谈判就应该板着严肃的脸孔，睁着圆鼓鼓的眼睛，双方剑拔弩张，争得面红耳赤。若真的如此，相信绝大部分谈判会以失败告终，也没有人能成为谈判的赢家。

说白了，谈判其实是一种合作，在求同存异中为自己争取最大的利益。如果谈判者总是板着严肃的面孔，不懂得幽默，不懂得调节气氛，现场会无比紧张和压抑。这样一来，沟通如何顺利进行下去，双方又如何达成共识？

仔细观察，我们会发现所有优秀的谈判家都是具有幽默感的人，他们既能严肃地据理力争，又能轻松地谈笑风生。下面我们来看看谈判高手是如何利用幽默轻松搞定合作的！

世界上第一位女大使柯伦泰曾经被任命为苏联驻挪威全权贸易代表。一次，她和挪威商人谈判购买挪威鲜鱼。挪威商人的出价高得惊人，她的出价也低得使人意外。

双方开始讨价还价，在激烈的争辩中，双方都试图削弱对方的信心，互不让步，谈判陷入僵局。最后柯伦泰笑笑说："好吧，我同意你们提出的价格。如果我的政府不批准这价格，我愿意用自己的工资来支付差额。但是，这自然要分期支付，可能要支付一辈子。"

挪威商人在这样一个谈判对手面前没办法了，只好同意将鲜鱼的价格降到柯伦泰认可的水准。

柯伦泰用了虚晃一枪的战术，她同意对方的要价是假的，只是为了让对方明白，这样的高价苏联政府根本不会批准，即使她个人让步也是没用的。

由上可知，幽默就是一种活跃剂，能够使谈判双方精神放松，让谈判气氛变得活跃。柯伦泰不愧是出色的演说家和谈判家，仅仅用一番幽默的话语，就化解了现场的紧张和压力，进而取得了谈判的胜利。

同时，幽默在谈判中不仅仅是博人一笑，还能增强语言的穿透力，使人在谈笑中不知不觉地接受对方的观点。柯伦泰风趣地表示自己可以让步，但是"需要用自己的工资分期付款"，然后说等自己还完这笔债务，恐怕就变成老太婆了。这一幽默的说法不仅让人哑然失笑，还能理解她的苦衷，从而更愿意和她一样做出让步。

难怪很多人说，运用幽默的语言有助于将我们的观点渗透到具体的谈判细节，使单调的气氛变得有趣，从而在轻松的气氛中结束谈判。

需要注意的是，在实践中，有不少谈判者想要运用幽默来调节气氛，但却不小心走向了"歧途"——开着不着边际的玩笑，或者过于活跃，结果把对方的思路越拉越远，致使谈判失败。

所以，在谈判中，我们要善用幽默语言，并牢牢记住，幽默的话语只是谈判过程中的调剂，而不是主题，更不能成为谈判顺利进行的障碍。

# 趣味思考，轻松为自己打圆场

你有没有因为做错事或说错话而陷入尴尬之时？有没有因为突发事件而陷入窘迫处境之时？事情发生了，羞愧地逃走，或是尴尬地强挺着，都不是最好的办法。前者是逃避问题，后者则是破罐子破摔，都无法解决问题，更不能为自己挽回颜面。

那该怎么办呢？其实，最好的办法是另辟蹊径，用幽默灵活地化解尴尬，如此不仅可以为自己打圆场，还可以让别人见识到你的幽默。

一对夫妻因小事争执不下，正当妻子向丈夫河东狮吼时，有一位朋友来访，夫妻两人非常尴尬，连忙停了口，但是终究无法马上从窘境中摆脱。朋友见状，笑着说："听你俩交流还挺热烈，我来得可真不是时候啊！"此话一出，妻子红了脸，但是马上调侃道："俗话说得好啊，打是亲，骂是爱，我刚才对他那么凶，其实正是表示了关心。"然后笑着给客人倒茶去了。

一句"打是亲，骂是爱"，让人觉得两人虽在争吵，却透露着甜蜜，原来生活的乐趣就这么简单。

被别人看到自己失态的样子，真的非常尴尬。妻子及时用幽默为自己打了圆场，不仅将尴尬轻轻带过，还弥补了自己的过错。这真是一种令人敬佩的智慧。

所以，当尴尬发生时，我们不能被动地逃避，更不能惊慌失措，否则会让情况越来越糟糕，毁掉自己的良好形象。只有做到冷静从容、趣味思考，然后用机智、幽默的趣言妙语来解决问题，危机才能变成转机。

当然，要做到这一点还需要有一定的应变能力。这种能力要靠平时的培养和积累。因此，我们要调整自己的思维，不钻牛角尖，勇敢地面对尴尬境况。如果我们把出丑看成天大的事情，不能从容冷静地面对现实，又怎能说出幽默风趣的话语呢？

事实上，趣味思考，幽默应对，就是一种化消极为积极的乐观心态，就是一种自我调侃、自我鼓励的心理催眠。凡是能够用幽默化解尴尬的人，都拥有相当强大的内心力量，具有强大的气场。强大的内心，加上幽默的谈吐，也就形成了独特的人格魅力。

　　钢琴家波奇在颇有名声的时候，前往美国密歇根州的弗林特城进行演奏，他以为凭借自己的名声，演奏厅肯定座无虚席。令他感到失望的是，演奏厅的上座率还不到五成，大部分座位是空的。

　　面对这样的情况，波奇感到非常尴尬，没想到自己会被如此冷待。可是他的情绪没有受到影响，反而微笑着对所有观众说："我早就听说弗林特的人非常富有，今天算是印证了这个说法。看看，在座的每个观众都买了两三张票，真是太感谢大家的支持了！"

　　他的话音刚落，演奏厅就充满了欢笑声。所有人都被波奇的豁达和幽默所感染，开始欣赏他那美妙的钢琴演奏。

　　面对不到五成的上座率，相信没有哪位演奏家会不感到尴尬，更何况是已经颇有名声的波奇！可波奇用幽默改变了自己的窘境，征服了在场所有的人，使得演奏会获得很大的成功。与其说观众是被波奇的琴声所吸引，不如说是被他的幽默和智慧所吸引。他对于空座原因的解释如此巧妙，如此幽默，怎能不让人敬佩？

　　所以，如果你不幸陷入尴尬的处境，不妨开动脑筋，运用自己的智慧，用幽默来为自己打圆场！相信你的幽默不仅可以三言两语使自己摆脱窘境，还可以征服那些原本准备看你笑话的人。

# 幽默地拒绝，让人愉快地接受

　　在社交场合，我们免不了会请求别人做一些事情，也免不了拒绝别人的一些请求。只要涉及拒绝，就难免让人感到不舒服或者难堪。若遇到心胸狭窄的人，我们的拒绝还可能得罪他，使他产生怨恨的心理。

　　正因为如此，我们与人交往时，应注意说话技巧，把拒绝的话说得动听一些，让人愉快地接受。比如为自己的拒绝找个借口，或者拿出一个善意的谎言，或者利用装糊涂、打哈哈的方式……

　　拒绝的方法有很多，但有一种方法却比其他方法更有效，那就是幽默地拒绝。就像糖可以冲淡咖啡的苦味一样，幽默也可以冲淡拒绝的"苦味"，让拒绝的话不那么"难听"，拒绝的氛围不那么紧张、尴尬。同时，幽默地拒绝可以让对方会心一笑，心情愉快，从而高兴地接受我们的拒绝。

千万不要怀疑幽默的神奇力量，就像没有人会拒绝幽默的人一样，也没有人会因别人的幽默拒绝而心生不快。钱锺书先生就幽默地拒绝过一位热情的书迷，而他的拒绝不仅没有引起这位书迷的不快，反而让对方更欣赏他的幽默和智慧。事情是这样的：

钱锺书的长篇小说《围城》出版后，深受读者的喜欢和追捧，很多人希望能见他一面。可钱锺书不喜欢交际，于是婉言拒绝了众人的拜访和邀请。有一次，一位女书迷给钱锺书打来电话，表达了自己的敬仰之心以及希望与先生见面的殷切之情。

面对这样的深情邀请，钱锺书知道如果拒绝得太直白、太强硬，很可能让这位女士感到难堪。可是他又不愿意违背自己的意愿，于是便利用了幽默的方式。

他笑着对这位书迷说："女士，我很高兴您能喜欢我的作品。可是，如果您吃了一个鸡蛋，觉得味道非常好，难道还非要见那个下蛋的母鸡吗？"

这位女士也是聪明大度之人，一听锺钟书的回答，便知道了他的拒绝之意。她没有因此感到不快，反而因为钱锺书把自己比喻成母鸡而大笑不止。她不再强求见面，反而用继续支持钱锺书作品的方式来表达自己的仰慕之情。

　　钱锺书的拒绝可谓巧妙！他运用生动形象的比喻，既表达了自己的拒绝，又没有让女书迷难堪。他的幽默和智慧不仅打动了那位女士，也打动了所有人。

　　所以，在拒绝他人的时候，我们完全没有必要把话说得那么直白，也没有必要表现得那么冷漠，否则结果只有一个，那就是得罪别人。这样做对我们有什么好处呢？完全没有。它只会给我们招来很多敌人，让我们在社交场合寸步难行。

　　少一些强硬，多一些委婉，你的拒绝才不至于招来别人的反感；少一些严肃，多一些幽默，你的拒绝还可能让人会心一笑。

　　著名剧作家萧伯纳就幽默地拒绝过一位女演员。这位女演员非常貌美，也非常风流。她虽然觉得萧伯纳有些年老丑陋，但仍非常仰慕他的才华。有一次，这位女演员遇到萧伯纳，非常自信地表达了自己的爱慕之情："萧伯纳先生，我非常仰慕您。如果我们在一起，凭借我的美貌和您的才华，我们的孩子一定是最优秀的。"

　　萧伯纳听了她的话，幽默地说："您说得没错，女士！不过，我有些担心，如果这个孩子继承了我的相貌和您的才华，那该如何是好呢？"

　　萧伯纳的言外之意很明显——他拒绝这位女士的追求。可是因为他表现得非常幽默、绅士，没有让对方难堪，所以赢得了对方的尊重。从此，这位女演员成了萧伯纳的忠实读者。

萧伯纳是聪明的，他善于运用幽默的语言来拒绝别人，非常值得我们学习。当然，我们应该学习的不仅是他高超的说话技巧，还包括他的气度。正因为他懂得为别人着想，所以才没有把拒绝说得那么直白，没有让别人难堪。

尽管在社交活动中，拒绝是我们的权利，但是如果我们能够做到幽默地拒绝别人，让自己和对方都舒心、愉快，则更能强化我们的个人魅力。

# 第五章 做职场开心果

## 展现圆融能力，搞定工作关系

- ☑ 职场离不开幽默

- ☑ 风趣的自我推销，让你职场步步高升

- ☑ 平时说说俏皮话，同事关系更融洽

- ☑ 机智地提意见，维护别人脸面

- ☑ 幽默地妥协，沟通才不会陷入僵局

- ☑ 上司都喜欢幽默的下属

- ☑ 幽默地认错，更容易被原谅

- ☑ 灵活应对，巧妙化解客户不满

# 职场离不开幽默

职场是严肃、紧张的，但这并不意味着要板着脸孔工作，否则，工作的枯燥和繁重会让人更加疲惫，精神更加萎靡；竞争和压力，会让办公室的氛围更加压抑，同事之间的关系更加紧张。

这一切，不管是对我们自己、同事还是公司来说，都是非常不利的。没有轻松愉快的工作氛围，没有和谐融洽的同事关系，别说个人的业绩和成就，就连企业都很难良好地运转下去。所以，职场离不开和谐的氛围，而和谐的氛围则离不开幽默。

深夜，一家企业的项目部依旧灯火通明，有的人在整理数据，有的人在打印文件，有的人则在几个办公室之间奔走。大家已经连续加班了好几天，加上此时已是深夜，疲惫、困倦不时向人们袭来。

　　这时，老板从办公室走出来，高声喊道："大家都打起精神来！这么无精打采的，怎能赶在期限前完成项目任务？"老板的话，让办公室的气氛变得更加紧张和压抑。所有人都想尽快完成项目，但又很难燃起激情和兴奋。

　　一些人小声抱怨起来："我都累坏了，怎么打起精神！""项目重要，可是我们的身体也很重要啊！""一连加班好几天，谁也受不了！"

　　见大家都在抱怨，老板的脸色越来越不好看。他刚想发火，一个声音响了起来："老板，我也很想打起精神，不过，你得给我找些鸡血，打了鸡血之后，我才能振作起来！"说这话的是一帆，他刚刚进入公司没多久，因为说话风趣，备受同事欢迎。本来他没有资格参加这个项目，但因为人缘好、谦虚好学，才被项目经理推荐来学习。

　　听了这话，老板的怒气瞬间消失了，笑着说："我上哪里找鸡血去！"

　　一帆兴奋地说："找不到鸡血，鸭血也可以啊！老板，我听说附近新开了一家饭店，那里的鸭血粉丝汤非常美味，不如……"

　　没等他说完，老板就笑着说："原来你是嘴馋了。好，今天我请大家吃夜宵，犒劳犒劳大家！"所有员工听了都兴奋地欢呼起来，气氛也变得活跃了。

来点小幽默，结果真的可能出乎意料。一帆的幽默调侃缓解了原本紧张、压抑的气氛，也减轻了老板和所有员工的压力。可想而知，有了短暂的休息和美味的夜宵，员工们将一扫颓废的状态，重新燃起对工作的激情，尽快完成当天的项目进度。怪不得一位著名杂志编辑告诫自己说："幽默即是减轻工作压力的一种有效途径！"

再来看看一帆，他的幽默让老板看到了他的智慧。事后，老板赞赏地对他说："你真是幽默且有智慧的小伙子，那天若不是你幽默地解围，恐怕这个项目无法完成得这么顺利。"之后，老板给了一帆很多照顾和机会，使他快速成长，成为项目部中最有前途的一员。

可以看出，有了幽默，连职场也变得与众不同了，从枯燥变得有趣，从压抑变得轻松。那些在工作中取得成就的人，除了拥有过人的智慧、无比的专注和热情，还少不了幽默感。他们会利用幽默减轻压力，释放工作中的紧张和焦虑，促使自己的工作热情更加高涨，使工作成果更加显著。

当然，幽默的作用不限于此，它还是一个人人格魅力的重要组成部分。适时的幽默，能够拉近同事之间的心理距离。即便你和同事之间存在分歧、矛盾，也能轻松化解。

一场音乐会马上就要上演了，所有表演者都在紧张地进行排练。然而，表演的压轴节目——斯特拉夫斯基的《春天的典礼》实在太难了，大家始终掌握不好节奏。越是紧张，演奏就越容易出问题；越出问题，气氛就越紧张和压抑。

这时，乐队指挥站了出来，对大家说："我们一定要把握好节奏，柔和优美的圆号就好像奔跑的少女，而响亮的长号和小号就好像追逐的野人。"

乐队指挥刚说完，有人就风趣地说："那我们刚刚的演奏是少女掉进了野人谷吗？"

瞬间大家都笑了起来，全然没有了之前的紧张和压抑。这场音乐会非常成功，赢得了观众热烈的掌声。

这就是幽默的力量，能让人变得快乐起来，也能使人乐观起来。

如果你想要成为职场红人，那就学会运用幽默吧！用幽默进行自我调节，或者调节气氛，相信你将比别人更"受欢迎"。

# 风趣的自我推销，让你职场步步高升

　　勇敢而巧妙地推荐自己，是一个人在职场步步高升的必要条件。所以，很多人会苦练口才，希望更好地表达、展现自己。比如，有的人推销自己时，更注重别人的感受，并根据别人的需要来展现自己；有的人会突出自己的特色和特长，让对方看到自己的与众不同；有的人则苦练提问的技巧，力图通过提问来展示自己的想法，获得自己想要的答案……

　　这些都是不错的选择，能够让我们赢得比别人更多、更好的机会。当然，如果我们在表达的过程中能够让自己更风趣、幽默一些，成功的概率将大大提升。即便之前对方的兴趣并不大，也很可能被打动，从而改变主意。

　　曾经看到这样一个故事：一位大学生向一家公司投递了

简历，该公司很快就把未能录用的信息用电子邮件发给了他。也许是系统错误，也许是人事的疏忽，该公司竟然给他发了两封拒绝信。

大学生幽默地回信："既然您对未能录用我这么遗憾，为什么不给我一次机会？"

结果，他真的如愿了。这家公司回信给了他一个面试另一岗位的机会，而他也如愿进入了该公司。

无独有偶，有一个故事也很类似：

一家在本地名声不错的企业打算招聘一个销售经理，最后有三个人进入了复试，其中甲最有经验，是一家小公司的销售经理，现在想要跳槽到这家公司；乙是某大学营销专业的高才生，虽然没有太多的工作经验，但他学历高，理论知识丰富；丙是三个人之中最普通的，经验没有甲丰富，学历也没有乙高。

复试开始时，丙是最不被看好的一个，最有可能被淘汰。然而出乎人们意料的是，恰恰是丙在三人中脱颖而出，得到了销售经理的职位。这主要是因为他比另外两个人更幽默善谈——这是作为销售人员最可贵的品质。

在面试过程中，面试官问："你认为自己最大的缺点是什么？"

丙回答说："我最大的缺点就是太爱多想了。每次见客户之前,我都会左思右想,'这个商品的卖点是什么?''如何吸引消费者?'而且,我这个人比较招人烦,每次别人坐车、上厕所的时候,我都忍不住向他们推销。"

听到这里,面试官情不自禁地笑了,继续问道:"你觉得你的优势是什么?"

丙想了想,笑着回答说:"我的优点还挺多的,脸皮像城墙一样厚,嘴巴跟蜜罐一样甜。"

"那你觉得你能胜任销售经理这个职位吗?"面试官问。

丙说:"其实我也不知道,因为我之前没有尝试过。不过,如果您能聘用我,几个月之后您就知道了。"

丙的回答不仅幽默,而且富有机智,充分展现了自己的优点和自信——积极、热情、勤劳、执着、口才好,给面试官留下了深刻的印象。

结果可想而知,丙成功地打败其他两位竞争者,顺利通过了面试。

面试是求职者和面试者之间相互了解的过程,这时双方是平等的,也是互不了解的。这时,若能巧妙地运用幽默,既充分地表达自己,又活跃紧张的气氛,完全可以征服面试者。谁也不会排斥有幽默感和智慧的人,面试者也不例外。

况且,销售人员最基本且最重要的技能就是口才,幽默的自我推销怎会不受面试者青睐？在这方面，企业老板最有发言权。一位企业家曾直接表达自己的观点："我专门雇用那些幽默的人，这样的人能把自己推销给大家，让人们接受他本人，自然也就能接受他的产品。"

　　在这个竞争激烈的社会，自我推销至关重要，而幽默是最好的推销武器，让你轻松博得他人一笑，得到他人的认可和欣赏。如果你只知道坐在原地等待"伯乐"的赏识和青睐，恐怕永远无法在职场获得出头之日。

# 平时说说俏皮话，同事关系更融洽

除了家人，我们和同事相处的时间最多，如果和同事搞不好关系，不仅不利于职场发展，还会让自己陷入麻烦和痛苦。

为了更好地在职场发展，拥有一个良好的工作环境，我们不妨幽默一点，说说俏皮话。这样不但可以让同事们精神放松，给紧张、枯燥的工作注入活力，给同事间的疏远、防范注入亲密与信任，使得冲突、矛盾轻松化解，而且可以让自己的形象变得风趣幽默，与同事之间的关系也会更为融洽。

在一家公司里，所有的业务人员都在忙碌着，这时部门经理走了过来，对大家说："马上到月底了，公司要求25日前必须提交客户反馈，以便公司统计、统筹。"

一位业务员抱怨道："公司的要求实在太苛刻了，老板知道我们每个人手里有多少客户吗？知道我们每天需要打多少电话吗？"

另一个业务员也抱怨说："没错，即便我们有时间打电话，可客户也没有时间啊！"

部门经理见业务员纷纷抱怨，严厉地说："这就是你们的工作，有什么好抱怨的！难道别人不忙吗？不愿意干，你们可以立即走人！"

第一个业务员被激怒了，想要站起来与部门经理争论。另一个业务员忙拉住他，然后笑着说："其实，我们公司还不算太苛刻。我之前待过的一家公司更过分，有一天，老板对设计师说，这个方案必须在下班之前做好。第二天，老板一上班就去找设计师要方案，责怪他怎么还没完成。设计师气愤地说：'什么！我这不是还没下班吗？'

这个业务员说完之后，经理和所有的业务员都哈哈大笑起来，办公室原本紧张的气氛也变得不那么紧张了。经理调节了一下情绪，然后平和地说："我知道这段时间大家比较辛苦，需要处理的事情比较多，难免有些抱怨。可是，我们就是做这个工作的，只有及时做好客户跟踪和反馈，才能取得更好的业绩，不是吗？"

停了一会儿，他继续说："刚才我不应该发火，这样吧，为了表示我的歉意，今天我和大家一起加班吧！"

第一个业务员的情绪也变好了，开玩笑地说："经理，你真是精明！你本来就需要加班啊，怎么还变成为了道歉而加班呢？"

经理笑着说："要不精明，你以为我怎么当上经理的？！"

说完，他们两人都笑了。

有人的地方就难免有矛盾和冲突，办公室更是如此。同事之间虽然是合作关系，但由于只是工作上的联系，其中夹杂着更复杂的关系，难免发生不愉快的事情。这个时候，善用幽默的语言不仅可以拉近同事之间的心理距离，让彼此关系变得更加融洽，还可以缓解工作压力，使大家得到片刻的轻松和安慰。

仔细观察，很多关系融洽、工作效率高的公司，都会有一个幽默感十足的人。这个人就是整个办公室的调和剂，时常说些俏皮话，或讲些幽默的小故事，很好地调节着自己和其他人的情绪。或许他不是最突出的，也不是最受老板青睐的，但却是最不可缺少的。

小陈在公司很受欢迎，搞气氛、协调关系都少不了他。

有一次，公司组织扩展训练，由于大家平时缺少锻炼，跑步时很多人都累得气喘吁吁，一到终点就瘫倒在地。

休息片刻后，小陈笑着说："经理，我们需要跑多少圈？"

经理回答说："每个人跑五圈，怎么了？"

小陈立即跳起来，大声喊道："糟了，我多跑了一圈，实在太吃亏了。不行，我得立即往回跑一圈，这叫多退少补！"听了他无厘头的话，所有人都大笑起来，之前的疲惫感似乎也消失了。

还有一次，公司里有两个同事发生了一点矛盾，谁也不愿意搭理谁，恰好这两位同事就坐在小陈的左右两侧。小陈突然假装生气地说："你们说，你们两人是不是对我有意见？"

两人面面相觑，纷纷说："为什么这么说？我们哪会对你有意见？"

小陈继续说："你们把空气弄得这么冷，都快把我弄感冒了。你们是不是为了报复我之前调侃你们？"听了这话，两人才知道小陈是在为他们打圆场，随即笑着握手言和。

幽默是人际关系的润滑剂，当然，就像我们之前说的那样，幽默也应该注意分寸。职场是工作的地方，有很多禁忌和原则，所以要注意开玩笑的场合和分寸，不能别人在认真工作，你却插科打诨；不能把玩笑开得过火，尤其是对上司和老板；不能拿别人的隐私开玩笑。

总之，懂得幽默，善用幽默，我们和同事的关系才会更融洽。

# 机智地提意见，维护别人脸面

提意见，应该如何提才能让别人更容易接受呢？在回答这个问题之前，我们先来看一个例子：

> 小李刚到一家设计公司任职，是几位设计师的共同助理。可他发现几位设计师都不怎么喜欢他，平时跟他说话冷冰冰的，也不愿意教他东西。

> 为什么会这样呢？原因很简单，那就是他太不会说话了。几位设计师设计出图稿后，都会征求一下同事的意见，看看有什么需要改进的地方。其他人会委婉地说出意见，可小李却很直白："这个颜色有些丑。""这个图案太难看了。""我不喜欢这一块。"

　　不得不说，小李的情商确实不够高，别说他只是设计师助理，就算是设计师或设计主任，恐怕也不会如此说话吧。别人是让你提意见，并不是让你把人家的心血批评得一无是处。

　　虽然"良药苦口利于病，忠言逆耳利于行"是中国的古训，但我们完全没有必要把"忠言"说得那么"逆耳"。如果好听的、含蓄的话也能起到很好的说服效果，我们为什么要得罪别人，让双方都陷入尴尬的境地呢？

　　所以，很多时候，我们说话、办事应该从别人的角度出发，以温和的方式来提意见，尽量避免把建议说得过于直接、直白，让别人下不来台。这是因为，即便我们是好意，是为了避免别人犯错，如果不注意方式、方法，好意也会变成歹意，不仅无法让别人接受我们的意见，还可能得罪别人。

　　我们完全可以换一种思维，用幽默风趣的话语来表明自己的观点。更重要的是，这样机智的表达要比直接的方式更令人回味，起到更好的说服效果，既达到自己的目的，又不伤别人的脸面，岂不是两全其美？

　　著名作曲家罗西尼就曾利用幽默的暗示，指出一位新晋作曲家的问题，帮助他改掉缺点和不足。

　　一天，一位新晋作曲家拿着一份曲谱前来拜访罗西尼，希望他能够指点一下自己，给自己的新作提些宝贵意见。这位新晋作曲家演奏时，罗西尼认真地倾听，且不时地脱帽致意。

演奏完毕后，新晋作曲家真诚地说："罗西尼先生，您觉得我的曲子怎么样？"

罗西尼回答："非常不错。"

"真的吗？"新晋作曲家没想到自己的作品竟然得到了罗西尼的认可，随即兴奋地追问，"那么，您多次脱帽是向我的作品敬礼吗？"

罗西尼笑着摇摇头，说："不是！我有见到熟人就脱帽的习惯，在你的曲子里，我见到了很多熟悉的人，我是在向他们敬礼。"

听了罗西尼的话，这位新晋作曲家惭愧地低下了头。

显然，罗西尼听出这位新晋作曲家的曲子抄袭了很多名家的作品，但他没有直接说"你这个曲子是抄袭的""你不应该抄袭"……因为这样直接的批评和指责不会起到好的作用，反而会激起作曲家的逆反心理。所以，他采取幽默暗示的方式，含蓄地向对方表明自己的意见，既照顾了新晋作曲家的面子，又增强了批评的力度，耐人寻味且寓意深刻。

用一句轻松、微妙的俏皮话，将自己的意思婉转、间接地表达出来，这也是我们需要学习和掌握的技巧。比如，说一个人工作不积极，不要说他"懒惰""不努力"，而是用"你的大脑和手脚利用率不高""屁股是不是被胶水粘到了板凳上"这样的话来代替；说某个同事设计方案不是太好，不要直接说"太丑了""没有新意"，而是用"有些委婉""你拿错了去年的方案吗"这样的暗示来代替。让建议或批评披上幽默的外皮，使自己的话有趣一些，就会更有感染力和说服力。

下面这则有趣的故事便是一个很好的示范：

据说汉武帝晚年非常渴望长生不老，并且相信很多荒谬的传说。一天，他对身边的人说："相书上说，一个人的人中越长，寿命就越长，是不是真的？"

东方朔听了这话，知道汉武帝又在做长生不老的梦了，脸上露出一丝讥讽的笑。恰巧汉武帝看到了他的表情，便愤怒地质问他："你为什么笑？难道是笑话我吗？"

东方朔恭恭敬敬地回答："我怎么敢笑话陛下，我是在笑彭祖的脸太难看了。"汉武帝不解，东方朔解释说："据说彭祖活了八百岁，如果真的如陛下所说，他的人中岂不是有八寸长，脸有一丈长？这是不是很好笑？"

汉武帝听了也觉得这个说法很荒谬，随即哈哈大笑起来。

东方朔非常聪明，他用幽默的方式建议汉武帝不要做长生不老的梦。正因为他的幽默，汉武帝愉快地接受了他的意见。

　　同样的，如果你想让别人听你的意见，不妨把深层的意思蕴藏在轻松、风趣、机智的戏谑中，从而起到"润物细无声"的效果。

# 幽默地妥协，沟通才不会陷入僵局

职场中，由于同事间立场和意见不同，很可能出现争执和分歧，还容易让彼此陷入抵触、敌对情绪。这种时候，即便你再有口才，恐怕也很难让对方放下"执念"，转而与你达成协议。如果你因为一时冲动，把争执升级为争吵，情况会更加糟糕。且不说这会破坏同事间或是与领导的良好关系，还可能让办公室的气氛变得紧张起来，甚至影响你的职场前途。

要知道，不管遇到什么问题，我们的目的是说服他人达成一致意见，而不是去争所谓的输赢。退一步讲，就算你赢了又能怎样？你的目的没有达到，还把自己置于尴尬的境地，难道不是得不偿失吗？

所以，当你和同事或领导发生争执时，首先要做的不是争输赢，非要对方同意你的观点，而是想办法"破局"。当你巧妙地绕过矛盾的关键点，用幽默的话语来协调气氛，或是换一个方法来表达自己的想法，接下来的沟通才不会陷入僵局。

这看似困难，但只要我们保持良好的心态，且掌握幽默的智慧，便可轻松实现。

某大学校长提议把某专业的必修课和选修课进行调整，其中遗传学和环境学只能保留一个作为必修课。这引起了主讲遗传学和环境学的两位教授的反对，两人都声称自己的课程非常重要，不能调整为选修课。

校长却坚持己见，于是，两位教授与校长之间的争论，瞬间变成两人之间的"内部斗争"。两人各不相让，针锋相对，都提供了足够的论据来说明自己的学科是对人类最有贡献的，是这个专业的学生必须掌握和了解的。

一时间，两人唇枪舌剑，争论越来越激烈，现场气氛非常紧张。环境学教授争得面红耳赤，激动地说："遗传学有什么好学习的？都是非常浅显易懂的道理，难道还需要费心思研究吗？比如大家都知道一个孩子长得像父亲，那肯定是因为遗传啊！"

遗传学教授刚想反驳，突然意识到两人各执己见，继续争论下去恐怕也没有什么意义，既不能让校长改变主意，又可能破坏两人之间的融洽关系。于是，他冷静下来，转而同意对方的观点，说："你说得很对。一个孩子长得像父亲，很显然是遗传学的问题。若一个孩子脸上有高原红，那可能就是环境学了。"

此言一出，环境学教授和校长都被逗得哈哈大笑，气氛也变得轻松起来。幸运的是，后来校长经过深思熟虑，决定收回自己的提议。

当双方因为某事争论时，沟通的气氛必然变得紧张，双方的情绪和心理也会发生变化，促使情况朝着更坏的方向发展。这时候幽默风趣的话语能起到至关重要的作用，避免了矛盾的激化和局面的僵持。

或许有人会说，这难道不是妥协和懦弱吗？即使是妥协，又如何呢？妥协并不是贬义词，也不等于懦弱。对于情商高的人来说，这是给对方台阶下，也是给自己台阶下。在职场中，巧妙的妥协是一种策略，蕴含着沟通的智慧，更有利于我们实现自己的目的。

魏先生是一位设计师，最近他接到了一个新任务，为客户设计一款新产品的标志。为了想出更好的创意，他做了很多调查研究，加班好几天，终于拿出了自己满意的方案。

当他把方案拿给老板看时，老板脸上露出不满意的表情，说："我觉得这方案还需要一些改动和创新，为什么你不加一些卡通元素？"

听了老板的话，魏先生立即摇头否定，详细解释了自己的理念、想法和创意。可老板似乎对卡通元素情有独钟，坚持让魏先生修改。魏先生知道争论不能改变老板的想法，还可能引起老板的不满。于是，他选择退一步，笑着说："老板，我真是糊涂。这个方案还没有征求客户意见，我们现在争论得这么起劲干吗！万一客户不满意，我们岂不是江边上卖水——多此一举了吗？"

听了魏先生的话，老板也平静下来，同意他先把方案交给客户，等客户反馈之后再进行讨论。

所以，当你与同事或领导争执无果时，不妨机智地"妥协"一下，再辅以幽默智慧的行动和语言，说不定可以让气氛迅速平静下来，打破争论的僵局。

不要在乎是不是妥协，最大限度地发挥自己的智慧和幽默，争论就可以被平息，僵局就会被打破，进而使说服成为现实。

# 上司都喜欢幽默的下属

职场中，对我们的前途影响最大的就是上司，如果脑袋转得快，言辞风趣些，自然能够拉近与上司之间的距离，得到认可和欣赏。要知道上司也是人，也有喜怒哀乐，自然和你我一样，喜欢幽默的人。

所以，可以把语言幽默化，用风趣的语言来表达诉求、说明事理。不要担心上司不能领会你的意图，也不用担心他们不理解你的幽默，能够坐到那个位置，必定有足够的智慧和情商。

小杜在一家贸易公司做市场专员，他平时做事非常机智，能力也很不错，深受上司的青睐。一天，同事负责打印一份文件，打完之后才发现自己犯了一个错误——为了节约成本，公司要求尽量节省纸张，之前打印文件两边留白是 4 厘米，现在则要求缩减到 2 厘米。然而，这位同事忘记这个规定，使用了之前的版本进行打印。

文件打好上交之后，经理训斥他说："刚刚颁发的规定你就违反，真是太不长心了。你说，这份文件我怎么上交给老板？"

这位同事小声说："那怎么办？难道要重新打印吗？"

此时，小杜站了出来，说："你不用管了，交给我处理吧。"

之后，小杜没有重新打印，而是把所有纸张的两边留白都用裁纸机裁掉 2 厘米。随后，他对经理说："奉行节俭的命令，我又为公司节省了 20 张纸，真是太聪明了！"经理听了他的话，不禁哑然失笑。

还有一次，小杜开车和经理一起拜访客户，正好赶上早高峰，遇到了大堵车。眼看和客户约好的时间快要到了，路况还没有好转的迹象，经理着急地说："到底还要多久？"

小杜回答说："很久。"

经理很郁闷，追问道："很久是多久？"

小杜笑着回答说："开车的话要很久，等我们到达时，恐怕客户已经'杀到'我们公司责问我们为什么'放鸽子'了。若我们改乘地铁，说不定能在客户离开前拦住他……"

经理一听这话，顿时没了之前的郁闷，决定把车停到最近的停车场，乘地铁去见客户。

事实上，小杜的经理是一个严厉的人，平时不喜欢和员工开玩笑，可他却喜欢和小杜在一起。因为小杜总能在谈笑间解决问题，或是给自己提出不错的建议。如此机智又幽默的下属，谁不喜欢呢？

身处职场，拥有幽默的口才是一个很大的优势，可以更好地展现自己的魅力。假如你的上司恰巧也很有幽默感，你们的沟通将更加融洽。

不过要注意，上司喜欢幽默的下属，却不喜欢没有分寸感的下属。很多人为人幽默，做事机智，就是忽略了一点：下属和上司之间的关系不能过于随便。上司是上司，下属是下属，平时关系再好，下属也应该尊重上司，不能毫无顾忌，更不能没大没小。下属和上司开玩笑时，不管是称呼上的冒失还是口无遮拦的调侃，都可能遭到上司的厌烦，甚至影响职场前途。

莹莹是个聪明伶俐的女孩子，刚到公司便得到上司刘姐的照顾和关心，于是就把刘姐当成知心大姐姐。刘姐脾气非常好，平时见谁都是笑眯眯的，时间长了，莹莹就开始没大没小了。

有一次，刘姐带着莹莹去见一位客户，客户一见面就赞美道："刘姐，你今天打扮得真漂亮！"

刘姐笑着客气地说："哪里哪里，你真是太会说话了。"

这些话其实很正常，只是见面时的寒暄和客套，为的都是活跃气氛。不料莹莹却插嘴说："能不漂亮吗？张总，您是不知道，我们刘姐平时都不打扮，这次是花了大价钱找的化妆师。"

她的话一说完，刘姐和客户的脸都僵了，空气中弥漫着一种尴尬的气氛。幸亏刘姐老练机智地说："当然，见张总这么重要的客户能不好好打扮吗？这说明我很重视这次见面啊！"之后，两人又寒暄了几句才进入正题。

在这之后，刘姐对莹莹就大不如前了，不仅不再照顾和关心她，还慢慢地疏远了她。

这一切都是因为莹莹不懂幽默却乱幽默。要知道，虽然刘姐平时有亲和力，对所有人都很好，但她毕竟是上司，需要权威和尊重。莹莹自以为和刘姐关系好，说话没大没小，不分场合，甚至在客户面前调侃上司，怎能赢得上司的喜欢呢？

幽默是一门很深的学问，运用恰当，可以让晋升或者加薪的好运离你越来越近，反之则可能让你在职场寸步难行。如果你不善言谈，那就加强学习和修炼，掌握幽默的技巧和分寸，说出的话才更得体、有分量。

# 幽默地认错，更容易被原谅

俗话说："人在河边走，哪能不湿鞋？"职场中，我们难免有听错指令、完不成任务或者犯错的情况，这时千万不要急于推卸责任，更不要惊慌失措。因为这样做对于赢得领导的原谅根本无济于事，还可能让领导对你更加不满。

当错误已犯下时，我们要真诚地低下头，承认自己的错误行为并想办法弥补，同时展现自己的幽默能力，让领导内心的怒火逐渐熄灭。

下面我们来看看南梁大臣萧琛是怎样做的：

有一次，梁武帝在宫廷设宴招待文武大臣，君臣推杯换盏，气氛十分融洽。萧琛不胜酒力，很快就喝得醉醺醺的，只能趴在桌子上小憩。梁武帝与群臣谈笑之时见萧琛一声不吭地趴在桌子上，便想要捉弄他一番。于是，梁武帝抓起一颗枣子向萧琛扔去，正好打中了他的头。

迷迷糊糊的萧琛感觉有人打中自己的头，便随手拿起桌子上的栗子还击。等他看清楚自己投掷的人后立即吓呆了，酒也醒了一大半。现场气氛顿时变得紧张无比。要知道，袭击皇帝可是要杀头的。退一步讲，即便皇帝和大臣知道他没有二心，可当众拿东西扔皇帝，也是大不敬的罪过！

梁武帝的脸色非常难看，想要治萧琛的罪，就说："大胆萧琛，你可知罪！"萧琛立即俯首跪下，说道："臣罪该万死！但是陛下把赤心投给臣，臣怎敢不用战栗来回报呢？"

萧琛聪明地利用"投我以木瓜，报之以琼琚；投我以赤心，报之以战栗"的典故，为自己的失误做解释。他这番机智幽默的话语，也赢得了梁武帝的认可。听完他的话，梁武帝哈哈大笑，说道："好你个萧琛，真是太能辩了，今天朕就饶恕你！"

就这样，一场突然袭来的危机被化解了。

幽默是职场的润滑剂，能降低别人的敌意，博得别人的好感。若运用得当，完全可以消除我们与领导之间的隔阂，使上下级关系朝着和谐、友好的方向发展。

虽然大部分领导讲究权威，可他们也讲人情。只要我们犯下的错误不涉及原则问题，没有给公司、团队造成太大影响，他们就不会太苛刻、无情。他们知道，领导和下属之间需要面对面、肩并肩，共同协作，企业才能发展得更好。

所以，我们要培养自己的幽默细胞，一旦闯了祸、犯了错，不妨试着用幽默进行调和。以幽默为作料，真诚地认错、改错。

晓东搞丢了一个领导很重视的客户，尽管他做了很大努力，对方还是拒绝和他签约。怎么把这个坏消息告诉领导呢？

晓东苦思冥想，终于想到了一个好办法。第二天早上，晓东来到领导办公室，沮丧地说："领导，我有一个好消息和一个坏消息要告诉您。先来说说坏消息吧，听说好几个客户放话说不再和咱们公司签约了。"

领导听到这样的消息，眉头紧锁，脸色很不好看。没等他说什么，晓东又接着说："其实，还有一个好消息就是，我去确认过了，只有一个客户丢了是真的。我觉得这个消息还不算太坏，我们没有必要因为丢了一个客户而苦恼。不是吗？"

这真的是幽默的精彩演出，不是吗？晓东故意虚构、夸大事实，然后适当地道出实情，利用幽默的方式把自己的失误——丢了客户表达出来。这一虚一实、一放一收，让领导感到"丢掉客户"

并没有什么大不了的，与之前的情况相比，还算是个"好消息"。正因为如此，领导在得知实情之后笑了起来，轻松地对待失去客户这个"坏消息"。

幽默地认错，最大的好处就是可以疏导领导的情绪，让他重新认识我们的错误。这样，领导不仅不会严厉地责怪我们，反而可能欣赏我们的机智和幽默。

当然，幽默认错的最大前提是真诚，不能态度不端正、嬉皮笑脸。如果我们把幽默当做轻浮、滑稽，犯了错还吊儿郎当的，恐怕在职场将寸步难行。

# 灵活应对，巧妙化解客户不满

对待客户，我们的态度自然要客气、友好、热情，可是，一旦客户产生了不满情绪，光有态度未必能够奏效，因为不是所有客户都会被我们的诚意所打动。更何况，处于盛怒之下的客户，也很难听得进去我们所说的话。这个时候，如果我们能够利用幽默将客户的"锋芒"软化，事情就会变得容易很多。

我们先来看一看下面这个事例：

一家餐厅的某个包厢里，客人们正在愉快地用餐，谈论着最近的热门事件。服务员则恭敬地站在一旁，适时给客人们上菜、倒酒。客人们正聊得高兴，挂在墙上的一个装饰物突然"咣当"一声掉了下来。

巨大的响声把所有人都吓了一跳，其中一个客人站起来抱怨说:"这是怎么回事?为什么这东西掉下来了?"

服务员也被吓坏了,连忙向客人道歉:"对不起,对不起!"

客人非常不满,说:"对不起有什么用!要是砸到人怎么办?"

服务员见客人如此生气,继续道歉:"非常不好意思!可是先生,您要相信这真的不是我干的。"

看见服务员那委屈的样子,另一位客人笑着说:"算了吧!这可能真不是她干的,可能是螺丝钉松了。"这话一出,客人们都笑了起来。

这位服务员非常聪明,面对客户的不满和抱怨,她采取了灵活的应对方式。当然,这句"不是我干的"不是推卸责任,而是幽默地表达歉意,在逗笑客户的同时,自然也赢得了谅解。可见,用机智代替死板,用幽默代替劝说,然后加上真诚的态度,比任何道歉都管用。

一个聪明的人,必定能够把幽默融入沟通技巧之中,巧妙地消除客户的戒备心理。同时,他能够审时度势,机智地化解客户的不满,解决与客户间的矛盾。即便面对野蛮、脾气暴躁的客户,他也不会被对方吓倒,或是采取粗暴的方式进行反驳。因为他知道,"以暴制暴"是最无能的表现,更是最无效的沟通方式。

换句话说，幽默的话语可以让客户紧张的神经放松下来，不满的心理得以缓解。神经放松了，情绪变好了，之后的沟通自然就没有那么困难了。

小方是一名销售员，工作职责就是拜访客户，说服客户达成合作意向。一天，他去某公司拜访——之前他和该公司的老板已经沟通过了，对方的合作意向很明确，这次拜访主要是交流协议的细节。可是，他的运气有些不好，在他进门之前，该老板刚刚因为下属的失误大发了一通火。

小方并不知情，按照约定的时间敲开了老板办公室的门："您好，我是……"

老板语气不好地说："谁在敲门？难道还没被骂够吗？"

小方连忙笑着道歉："对不起，我昨天打电话预约的时候，没说是来挨骂的啊？难道我们的合作出了问题吗？"

老板见进来的是小方，尴尬地说："哦，原来是你啊，我还以为是我的员工。非常不好意思！"

小方回答说："没关系！这说明您拿我当自己人，是吧？"

老板笑着说："你还挺会说话，要是我的下属都像你这么聪明，我就不会这么生气了！"

小方摇摇头说："哪里哪里，您真是说笑了。告诉您一个秘密，其实我在公司也总是挨老板骂，但是我知道他这是

*爱之深责之切。"*

　　面对客户的不良情绪，小方首先用一句玩笑话，缓解了双方的尴尬，缓和了紧张的气氛；接着，他又幽默地说老板把他当自己人，借用老板骂自己的例子，给予该老板支持和理解，瞬间拉近彼此之间的距离。试想，这样幽默又高情商的人，谁能不喜欢呢？谁不愿意和他合作呢？

　　所以，不要总是抱怨：我已经付出了热情和真诚，客户为什么不愿意成交？为什么我的客户这么难缠，总是态度恶劣？为什么我只是犯了个小错，客户却揪着不放？尝试使用幽默的语言，灵活应对客户的情绪，一句话把他逗笑，成交自然就不成问题了。

# 第六章　当爱笑的领导

跟下属打成一片，管理不再难办

☑　做好管理，少不了幽默的智慧

☑　增强自身亲和力，只需一点幽默元素

☑　带着幽默沟通，上下交流很轻松

☑　用幽默说服下属，让其心服口服

☑　有趣的批评，有效还不伤感情

☑　有幽默感的领导，更有人情味

# 做好管理，少不了幽默的智慧

在一家企业中，管理者与员工需要互相协作和配合。那么，管理者如何才能让员工心甘情愿地听从命令，心悦诚服地接受批评和建议呢？幽默就是一个不错的选择。

聪明的管理者懂得利用幽默来拉近员工与自己的距离，懂得以含蓄的口吻批评员工的错误，更懂得用风趣的话语化解员工的牢骚和抱怨。即便是做报告，聪明的管理者也能善用幽默，让员工乐于倾听。

所以，管理者不必严肃、严厉，不必急于树立自己的威严形象。当你能够用幽默征服员工，员工自然更愿意支持、拥护和信任你。

某企业老板对下属要求非常严格，一旦有人不小心犯错，他就会提出严厉批评，丝毫不讲情面。所以，员工们背后都叫他雷公，对他的抱怨和指责自然不少。

事实上，这位老板原本不是严厉的人，和朋友相处也非常和善、幽默。他担心自己不严厉便无法管好企业，不树立权威便无法让员工信服，所以才故作严厉苛刻的样子。

一天，几个员工在午休，闲聊一些日常琐事。不一会儿，一位员工说："今天没看见雷公，他不在吗？"恰巧这位老板从外面进来，几位员工立即吓得不敢说话了，觉得老板肯定会把他们大骂一顿。

这位老板也没有想到员工会给自己起绰号，且和自己平日里的形象很相似。于是，他笑着说："你们的雷公也是要休息的，今天上午我在家里休息，没有来上班，你们找我有事吗？"

听到老板竟然和自己开玩笑，员工们愣了一下，随即笑着说："没事，没事。"

老板继续说："既然没事，那雷公去工作了！"

听了老板的话，员工们不禁笑了起来。自此之后，这位老板在员工心目中的形象有了变化，不再继续假装严厉，时常和大家说笑、开玩笑。令他没有想到的是，员工竟然比之前更尊重和支持他，也更愿意听从他的命令。这是因为，幽默让他变得更有亲和力，不再显得那么苛刻、不近人情，也拉近了他与员工之间的距离，让大家的关系变得更和谐、融洽。

在这样一个和谐愉快的环境中，员工的工作积极性和工作效率都得到了提高，企业发展也变得越来越好。

后来，这位老板不无感慨地说："早知道幽默可以让企业变得这么好，我又何必苦苦地假装严厉呢？"

确实，想要做好管理，不能只靠严厉，增添一些幽默和风趣，或许能得到意想不到的结果。所以，管理者要善于观察、积累，不断充实自己，提高自己的表达能力和反应能力。

小李是某服装厂的车间主任，最近她遇到了一件棘手的事情：因为赶制一批订单，工人的工作量很大，几乎天天加班，于是，有些人开始有怨言，说"工作太辛苦了，加班费还这么少"，甚至有些人出现消极怠工、故意装病请假的情况。

为了提升工人的积极性，小李组织召开了一次会议，让大家畅所欲言。会上，大家纷纷诉起苦来："这班简直没法上了，连续这么多天加班加点，我们就是铁人也受不了啊！""每天坐在那里工作，我的腰疼病都要犯了。""孩子学习都没办法管，我们家孩子成绩都快倒数了！"

听了大家的抱怨，小李真诚地说："我理解大家的苦衷，我也是每天都加班，好长一段时间没按时回家了。那天我遇到邻居李大爷，他竟然说：'小李，你是不是搬家了，我怎么好长时间没见到你了！'"

听小李说完，大家都笑了起来。随后，小李又说："我已经跟老板表态了，必须给咱们提高加班费和福利待遇。要是老板不答应，我们就一起找他好不好？让他陪着我们加班，也让他知道孩子学习倒数、邻居不认识他的感觉？"

听到这里，工人们纷纷起哄。其实大家都知道，小李这是开玩笑，可经她这一说一笑，大家也就没有那么多抱怨了。

最后，小李说："当然，这是开玩笑的话，我们也不是无理取闹的人，但提高加班费和福利待遇却是真的。老板已经承诺，这笔订单完成之后，每人多发1000元奖金。"

就这样，小李顺利地消除了工人们的抱怨，激发了他们的工作积极性，使订单得以提前完成。

管理离不开幽默，就像领导离不开亲和力一样。恰如其分的幽默，不仅可以让工作气氛变得轻松，还可以凸显管理的人性化。

# 增强自身亲和力，只需一点幽默元素

　　小谢是某家公司的总经理，平日里能言善道，沟通能力也很强。可他时常说："我很想和下属打成一片，平时也尽量表现得平和，可下属们还是不敢亲近我。很多时候，大家谈论着一些事情，有说有笑，一见我来就正经起来，没有了之前的活跃。""我想要关心一下下属，和他们聊聊天、拉拉家常，他们总是表现得不自然，搞得气氛很尴尬。"

　　接着，他举了两个例子：

　　一天，下属们刚刚吃完饭，兴致勃勃地说起娱乐八卦。一位女职员说，最近某位女明星整容整得太厉害了，脸都开始变形了。女职员一边说，一边手舞足蹈地形容着，说女明星哪里做了调整，哪里显得很奇怪。大家见她说得那么夸张，便笑着说："没错，这女明星现在一点都不漂亮，还不如我

162

们××（该女职员）漂亮呢！"

女职员立即摆了几个姿势，然后说："那是，我也是天生丽质，从小就是小区里的美女！"说完，大家都哈哈大笑起来。

这时，小谢走了进来，想要和大家一起闲聊几句，便问道："大家聊得这么开心，都聊些什么呢？我来听听！"

所有人看见总经理进来，都开始"正襟危坐"起来。那位女职员立即站好，说："总经理好，我们就是聊一些八卦，午休时间，大家一起胡闹呢。"

小谢笑着说："是吗？你们女孩子是不是非常喜欢八卦，平时聊天也聊这些内容？"

女职员微笑着说："嗯，差不多吧。"

小谢继续表示对下属们的话题很感兴趣，说："哦，那最近有些什么新鲜的八卦吗？"

大家都没想到总经理会问这样的问题，既然问了，大家也就耐心地回答了几个。但是，小谢明显感觉到气氛变了，下属们的回答也比较客套、敷衍，没有了之前的兴奋、绘声绘色。

回答完问题之后，所有人都不说话了，气氛尴尬到了极点。小谢只好站起来，说："我还有事，你们聊吧！"

还有一次，技术部门的一个员工生活遇到了困难，小谢从部门主管那里知道了大致情况，于是找这位员工谈话。小谢自认为态度还算和蔼，可这个员工好像非常放不开，一直说"没困难""没问题"，多次拒绝小谢的帮助，说不会因为家庭问题而影响工作。

这让小谢感触颇深，他不明白自己和下属之间的距离为什么这么远？下属为什么不愿意亲近自己？

事实上，小谢遇到的问题在绝大部分企业中都存在，因为领导与下属之间存在地位差异，导致很多员工和老板、领导在一起时，会表现出不安、紧张、防备的心理。这种情况对于企业团队建设、凝聚力的提升有很大危害，因为下属不愿意和老板亲近，对领导的敬畏心太重，势必影响沟通效果，从而影响工作的效率和质量。

那这个问题是不是就无法解决了？当然不是。要改变这种情况，老板或领导者应该提升自己的沟通技巧，让员工知道自己是一个随和的性情中人。最简单的办法就是和下属谈话时加入幽默的元素，让自己的话不再公式化、严肃化。

比如，小谢在听到下属说八卦时，不要说"你们喜欢说八卦吗""说几个有趣的事，我听听"之类的套话，而是幽默地顺着那位女职员的话说："嗯，我今天才发现我们公司竟然有一位大美女！""你们这个八卦小分队，又有什么新消息呀？"这样是不是更能让人感觉亲近？

再如，技术部员工说"没困难"的时候，小谢可以幽默地提议："公司难得有这么好的福利，你怎么扭扭捏捏的？要知道，过了这个村可就没这个店了。"员工是不是就不会因为不自然而产生心理压力？

想要管理好团队，老板和领导就不能总是板着脸，冷冰冰地和下属说话。在非工作场合，和下属打成一片，说几个笑话或偶尔调侃一番，都能很好地提升自己的领导魅力，使所有人都愿意亲近你，并且尊敬你。企业的上下级关系好了，还用愁工作氛围不好、工作效率不高吗？

# 带着幽默沟通，上下交流很轻松

如果有人冲你发火，你会如何处理？如果这个人是你的下属，你会用怎样的态度对待？其实，这两者没有太大的区别，都非常考验你的情商和沟通技巧。

如果针锋相对，结果只有一个，那就是矛盾激化，关系破裂。但换一种方式，带着幽默沟通，谈笑间矛盾就会因轻松的气氛而化解，使双方能更好地沟通下去。

看看我们身边那些在事业上获得成功，能够轻松把下属、员工团结在自己周围的人，哪一个不是深谙幽默这一沟通的艺术？即便面对心存不满的同事，即便面对性格古怪的下属，他们也能左右逢源、谈笑风生。

在职场中，我们也应该做善于幽默沟通的领导。不要觉得主动化解尴尬，就是态度上的妥协，就代表自己的退缩、软弱，甚至极端地想："明明是他态度不端，凭什么要我妥协？""难道我怕他不成？"退一步讲，即便这是主动妥协和退让，又能怎样呢？身处职场，谁也不是孤立的个体，都需要别人的配合和支持。即便你是老板或上司，想要达到自己的目的，也必须随时与别人沟通和合作。

当上下级、同事之间产生分歧时，如果不懂沟通的艺术，直白地表达自己的不同意见，或是指出别人的不当之处，只会搞得双方不欢而散，甚至产生芥蒂。

而懂得幽默沟通的人就不同了。他会幽默地表达不同意见，让对方觉得他不是在反对自己，而是为了让工作能顺利地进行下去，如此一来，对方自然乐于接受他的意见。在这方面，著名导演希区柯克给了我们一个很好的示范：

　　有一次，希区柯克给一个著名的女明星拍个人写真。尽管他非常专业，也很认真，可这位女明星好像有自己的想法，不是觉得摄影机的角度不对，就是觉得补光不好，没有把自己最美的样子拍摄出来。

　　女明星一边指挥着摄影机，"你应该拍这个角度""我最好看的角度是这边"，一边抱怨着"你为什么总是拍不好"。

　　希区柯克心里对女明星的指手画脚很不满，但他还是积极地配合着，不停地调整摄影机的角度。过了一会儿，女明星还是不满意，抱怨道："为什么我感觉还是不对，找不到我最好的角度……"

看着女明星坐在椅子上，不停地调整角度，希区柯克耸耸肩，笑着解释说："抱歉，我真的没办法把你最好的一面拍出来，因为你正把它压在椅子上。"

听了这话，女明星终于醒悟过来，她立即从椅子上起来，配合希区柯克的拍摄。

女明星为什么对拍摄不满意？为什么觉得没把自己最好的一面拍出来？很简单，就是因为她只坐在椅子上，且用自己的不专业去指挥希区柯克。面对这个问题，希区柯克没有直接说"你太不专业""你应该从椅子上下来"，而是以幽默的方式来表达自己的看法，不仅没有引起女明星的反感，还赢得了她的支持和合作。

所以，不管面对谁，做到轻松沟通并不难。采用幽默的方式，化解彼此的矛盾，表达自己的看法，沟通就会在和谐的氛围中事半功倍。

# 用幽默说服下属，让其心服口服

要想做好管理工作，就要让下属心甘情愿地听话。可让下属乖乖听话是很难的，毕竟每个人都有自己的想法，并且希望得到别人的赞同，而不是成为屈服的一方。更何况，就算你是个聪明能干的领导，也不可能做到事事完美，总有一些事情会引起下属的不满和不服。

这时，作为领导的你，不能只顾着说自己的想法，强迫下属服从命令，而应该了解下属所思所想，巧妙地征服他的心。只要你善于攻心，用幽默打开他们的心结，让他们的内心变得轻松、愉快起来，说服也就变成了轻而易举的事情。

约翰在大学毕业后参加了美国冬季征兵活动，成为了一名海军陆战队队员。但他并没有做好当兵的打算，刚到部队就产生了退出的想法。

当他向长官表达退出的意愿时，长官没有训斥他，而是用关心的口吻问道："为什么想要退出？是不是想家了？"

约翰摇摇头，回答说："海军陆战军要求太严格了，我担心自己达不到要求。"

长官知道约翰是没有信心，且对部队的训练心存顾忌，便笑着说："孩子，你没必要担心。在我看来，只要你肯努力，便可以改变命运。不是有一个说法嘛，即便是一头猪，在危机时刻也能爬上树。猪都能爬上树，你还有什么做不到的？"

听了长官的话，约翰不禁笑了起来，情绪也有所好转。但他还是有些担心："要是我在战场上受了伤，怎么办？我的后半生要怎样生活下去？"

长官笑着说："没有谁上了战场就一定会受伤，只要你训练有素，受伤的概率很小。即便你受了伤，程度也有所不同。如果你只是轻伤，根本没什么大问题。"

约翰急忙追问："要是我不幸身负重伤呢？"

长官回答说："这很简单，要么保全性命，要么救治无效。如果保全了性命，你还有什么可担心的？"

"要是救治无效呢？我该怎么办？"

"那就更简单了，"长官笑着说，"救治无效，你命都没有了，还担心什么呢？"

我们都知道，说话要攻心，分析对方内心所想及心理状态，来决定什么时候应该说什么话，或者不说什么话。

故事中的长官知道约翰对部队训练和上战场有恐惧心理，于是针对这一点进行说服。关键是，长官把严肃的事情用轻松的方式表达出来，缓解了约翰的紧张、郁闷心理，让他的心情逐渐放松。正因为如此，约翰受到了莫大的鼓舞，解开了心结，也就不再有退出的想法了。

由此可以看出，把严肃的事情以轻松诙谐的方式表现出来，这一紧一松、一愁一笑形成强烈的反差，进而产生幽默风趣的情调，最能起到收服人心的效果。所以，在说服下属或发现下属对自己有所不满的时候，不妨采取幽默的方式，让严肃的气氛变得轻松，让下属郁闷的心情变得舒畅，自然可以无往不利。

下面我们来看看俄国大文豪伏尔泰是怎样做的：

伏尔泰有一名仆人，平时有些懒惰，不喜欢听从主人的意见。每次伏尔泰指出他的失误，他都会想办法狡辩。

有一次，伏尔泰外出，仆人却拿来布满泥污的鞋子——鞋子是昨天穿的，因为道路泥泞，沾满了污泥。伏尔泰非常生气地问道："鞋子这么脏，你为什么不把它擦干净？！"

仆人却狡辩道："这几天阴雨不断，路上到处都是泥污，即便我把鞋子擦得再干净，两个小时以后，它也会和现在一样脏。"

伏尔泰见仆人不接受批评，语气中还有些抱怨，便没有说话。他刚走出家门，仆人就追了上来，慌张地说："先生，请您稍等。厨房的钥匙您还没有给我，要是不给我钥匙，我中午怎么吃饭？"

见仆人这么着急，伏尔泰笑着说："我亲爱的朋友，反正两个小时以后你又将和现在一样饿，还吃什么饭呢！"

仆人听了伏尔泰的话，脸立刻变得通红，并且认识到了自己的错误。之后，仆人诚恳地向伏尔泰道歉，并且保证以后再也不懒惰、不狡辩。

仆人懒惰，没有做自己分内的工作，且一边狡辩，一边抱怨。这是非常严重的问题，但是伏尔泰并没有厉声喝骂，命令他"若不改正缺点，便会……"因为他知道这样不会有什么好效果，不但无法让仆人改掉缺点，而且会让仆人内心更加不满。于是，伏尔泰采用幽默的说服方式，用仆人的逻辑进行回击，结果真的起到了事半功倍的效果。

在工作中，我们可能遇到很多性格、素质各不相同的下属，或是比较难缠，或是内心倔强，或是自作主张，给我们的管理带来了一定的困难。如果我们尖锐责问、严厉指正，或许会起到一定的作用，但却无法让人心服口服。

这时不妨采用幽默批评的方式。看看那些优秀的管理者，他们的言辞中从来都不缺乏幽默的内容，不管是做报告还是思想工作，抑或与下属讨论文案，都饶有趣味、语言生动。而这些幽默的话语，远比严肃的命令更有力度，比振振有词的套话更能让下属动容。

所以，一位著名笑星说："题材有出色和平庸之别，但我知道如何通过语言的表达来使普通的话题变成很棒的笑话。"一个聪明的管理者，始终能保持清醒的头脑，知道自己的目的是什么。之后，他们会选择最实用、最简单的方式来实现这个目的。而幽默就是他们手中最好用的武器。

用幽默解开下属的心结，下属自然会替你着想，并且维护、拥戴你。

# 有趣的批评，有效还不伤感情

什么样的批评，能让人笑着接受？看到这个问题，或许有人会质疑，哪有人会笑着接受批评的？实际上，幽默的批评就可以做到这一点。采取幽默的批评方式，或是委婉地表达自己的批评，或是以玩笑的方式指出对方的错误，真的很有效，而且不伤感情。

幽默的语言，是活跃气氛、化解矛盾的万能钥匙。尤其是下属犯错的时候，运用幽默的方式进行批评，不仅能让他更乐于接受，还能保证双方的关系不会因为批评而变得紧张。

或许很多人会说，批评就是批评，怎能和幽默扯上关系？下属犯了错，就应该严厉地批评，否则怎么起到警醒的效果？这样的想法是错误的。要知道，每个人都有自尊心和荣辱感，如果批评太过直白，或者语气中带有指责和抱怨，他们即便知道自己错了，也不愿意接受批评，甚至可能滋生逆反心理，故意与领导对着干。

幽默的批评恰好就避免了这一点，它让批评变得委婉，不再那么难以接受。更重要的是，它让批评变得有趣，冲淡了其中的负面因素。这就是高明的批评之道。事实上，高明的管理就是既能让下属听从自己的建议，接受自己的批评，又能得到下属的爱戴和喜欢。

所以，当下属犯错时，不要直截了当地说："你怎么这么愚蠢，犯这样的错误。""你的行为真的很不应该，你为什么不……"改用幽默的语言巧妙批评，给下属设置一个台阶，如此，他才会更乐于和你沟通，接受你的批评，并改正自身的错误。

　　小张最近上班总是迟到，老板知道她的孩子刚上小学，很多事情还没有完全适应。如果直接批评她，未免有些不近人情，更会增加小张的焦虑和心理压力。可她虽然只是迟到一两分钟，却造成了不好的影响。若不给予批评或惩罚，很难让其他员工服气。

　　这天，小张又迟到了一分钟，老板见她满头大汗地跑进办公室，温和地说："小张，你这是参加百米赛跑吗？可是，你这速度不行，今天迟到了一分钟。"

　　小张知道自己迟到了，不好意思地说："对不起，老板，我下次一定不迟到了。"

老板接着说："是不是孩子最近上学，忙得你忘记定闹钟了？要不我帮你买个闹钟吧！"

听了老板的话，小张的脸立刻红了，解释道："最近孩子的事情确实让我有些忙乱，不过，老板请放心，我会改进的。"

从那以后，小张果然再也没有迟到过。

不得不说，这位老板是一位善于沟通的人。他知道批评和指责会让小张难堪，而不批评则会让其他人不满，所以采取幽默风趣的语言，既批评了小张迟到的行为，又点明了她的难处。相信其他人听了这样的话，内心的不满自然会消失，还会被老板的人情味所感动。

所以，幽默批评不仅是一种沟通技巧，对于被批评的人来说，它看似批评，实际上却是一种更容易让人心悦诚服的激励。

不管你是老板还是管理者，如果能在说话上下点功夫，让员工笑着接受你的批评，管理就不再是一个难题。

# 有幽默感的领导，更有人情味

相信很多人都有这样的体会：如果领导不苟言笑，时常用严肃的口吻和我们说话，即便他不是很强势、刻板，不喜欢命令人、指责人，我们还是想要与他保持距离，不愿意亲近他。这是因为领导与下属之间本就存在距离，如果领导过于严肃，会给人一种高高在上的感觉，让人不自觉地想要疏远他。

这也说明，对于领导来说，人情味与亲和力至关重要。否则，企业管理不仅无法取得良好的效果，员工的工作氛围还将变得压抑、沉闷，影响工作效率。

所以，想要成为优秀的管理者，就应该提升自己的幽默感。幽默可以让你变得亲切，拉近你与下属之间的距离，使沟通变得更顺畅；同时还可以增加你的个人魅力，在下属心目中树立威望。

有一次，拿破仑到歌剧院看歌剧，遇见了著名音乐家罗西尼——罗西尼的音乐造诣非常高，被人们称为"音乐皇帝"。于是，拿破仑便邀请罗西尼与自己一起欣赏歌剧。

罗西尼当时身着便装，且有些不修边幅。要知道在那个时代，臣子或平民面见皇帝是需要盛装打扮的，否则就会被视为失礼。

可是，罗西尼又不能拒绝拿破仑的邀请，只能硬着头皮来到拿破仑的包厢。他一见到拿破仑，就跪下请罪说："尊敬的陛下，请原谅我没有穿盛装来见您。请您饶恕我的大不敬。"

拿破仑却笑着说："我亲爱的罗西尼，你认为皇帝与皇帝见面需要这样的礼仪吗？"

拿破仑一句幽默的话语，就消除了罗西尼的顾虑，让他感受到了拿破仑的亲和力和人情味。在罗西尼心里，拿破仑不是高高在上的皇帝，而是令人尊敬的领袖。

可以说，人情味是领导人格魅力的重要组成部分，是领导赢得他人喜欢、尊敬的关键。如果我们细心观察，就会发现大凡成功的领导者、管理者，都具有较强的亲和力，让人觉得有人情味。他们善用幽默，能展现自己风趣的一面，能和下属们开玩笑、调侃，更能自嘲……这不仅没有让他失去威严、威信，反而更显示了他的气魄和领导魅力。

　　某企业的老板时常思考一些问题：如何让下属真的喜欢自己？如何让企业更有凝聚力？后来，他找到了一个方法，那就是发挥自己的幽默感，并把这种幽默感运用到管理中。

　　刚开始，他发现每次开会讨论问题时，大部分时间都是自己在发言，很少有人主动发表自己的意见。为了让大家各抒己见，他时常调动现场气氛。没人发言，他就幽默地说："大家有想法不说，可不要怪我没问，因为你们都没有给我这个机会！"有人精神不振、昏昏欲睡，他就风趣地调侃："我的催眠功力又有进步了吗？怎么这次睡觉的人比上次多了好几个！"他幽默的话语总能让下属发笑，然后积极地参与到讨论中，提出很多有建树的建议。

　　他还时常和下属们开玩笑。有一次，他从外面办事回来，发现几个员工正在哼唱×××的歌曲。看见他回来，他们立即停止哼唱，低头开始工作。他并没有斥责员工不认真工作，而是幽默地调侃："刚刚是×××来了吗？大家怎么不请他等我一下？我可是他的超级歌迷！"

　　这位老板赢得了员工的尊敬和爱戴。在他的带领下，企业氛围越来越好，凝聚力越来越高。当然，员工的工作热情也越来越高，效率和业绩持续高涨。

俄国文学家契诃夫说过："不懂得开玩笑的人是没有希望的人。"管理学超级领袖汤姆·彼得斯也说："工作的第一前提是绝不呆板、无聊，而是应该好玩。若不好玩，你就是在浪费生命。"对于领导者也是如此。不懂得幽默的领导，很难做好管理。

实践证明，有幽默感的领导更有人情味和凝聚力，永远比"整天高高在上"的人更受欢迎。在他的柔性管理之下，下属将如沐春风、心情愉悦，发挥更高的积极性和创造性。

## 第七章　让爱情更美妙

### 说话多用点心，获取一颗芳心

☑　搭讪不招人烦，幽默来牵红线

☑　说好第一句话，好感瞬间提升

☑　别出心裁的表白，爱情的小花刹那盛开

☑　会点打情骂俏，爱情永不滑坡

☑　化干戈为玉帛，用幽默化解争吵

☑　赞美的话带点幽默，让对方飘起来

☑　技术性吃醋，爱情就应该酸酸甜甜

# 搭讪不招人烦，幽默来牵红线

爱情令人向往，且可遇不可求。好不容易遇到自己的意中人，绝大部分人都希望能想办法去靠近、交谈，给对方留下美好的印象。

但现实情况是，人们遇到喜欢的人，往往会紧张、羞涩，不知道应该如何表达自己的好感和心意，担心"自己的话不会让对方感兴趣""对方不愿意理我"。这种心理顾忌成了人们与意中人搭讪、交流的障碍。

为了避免这种情况发生，运用幽默来牵线是一种不错的方法。也许有人会问：搭讪的方式很多，为什么幽默就能行得通呢？原因很简单，幽默可以让一个人的语言更具特色，并且让对方感到轻松愉悦，从而放下内心的戒备和防范，更容易相信和接受一个人。同时，幽默是最具穿透力的语言，能够以最快的方式抵达人的内心，让对方产生一定的好感。

　　一个男孩对本校的一位女生一见钟情，但他只知道女生所在的科系班级，并不知道她的名字。经过几天的调查和询问，男孩终于从朋友那里打听到女孩的名字、这学期的课程，以及上课的教室。

　　这天，男生特意早早来到教室，打算找机会和女生搭讪。机会终于来了，女生和同学找了座位坐下来，开始准备上课需要的东西。男生毫不迟疑地坐到女生的后方，然后说："同学，你是不是走错教室了？"

　　女生疑惑地抬起头，看了看四周，说："没有错啊，你为什么这么说？"

　　男生笑着说："哦，那就是我走错了教室。"女生更加疑惑不解，和同学面面相觑。这时，男生又张嘴了，笑着说："我已经主动和你搭讪了，你不和我打招呼认识一下吗？

　　如此幽默而又有创意的搭讪，试问有几个人会反感？听了男生的话，女生露出灿烂的笑容，随即高兴地与男生打招呼。

　　男生首先明确表达了"我想要认识你"的意思，但又通过反问，强调展现了自己的幽默细胞。他这个幽默的开场白比"我是

××，可以认识你吗？""同学，我觉得你很独特……""我好像在哪里见过你"等直白、老套的话语更能引起女生的注意，给女生留下好印象。

现实中，很多女性也喜欢幽默的男士，更愿意与幽默感十足的男士交往。

所以有人说，男人的幽默，就像女人的好身材一样，对异性具有一种天然的吸引力。

其实不仅女性如此，男士也同样喜欢有幽默感的女性。需要注意的是，幽默地搭讪并不代表说话嬉皮笑脸，甚至不正经。与陌生异性搭讪或交谈时，说话千万不能轻浮，更不能用低俗的笑话来挑逗对方。这是缺乏教养的体现，更是品质低劣的表现，只会引起他人的反感和愤怒。

小刘是个公认的美女，但她性格比较内向，不喜欢过于随便的男性。一天，她在公园里等朋友，一位长得还算帅气的男生前来搭讪："美女，你长得很漂亮，我可以认识你吗？"

小刘微微一笑，没有做出拒绝的反应。男生见状，推了推鼻梁上的眼镜，自以为幽默地说："有人说过你长得真的非常迷人吗？我觉得你就是我的梦中情人。"

听了这话，小刘收起笑容，冷冰冰地说："不好意思，我在等人，请不要打扰我。"

男生愣了一下，尴尬地离开了。

这个男生的搭讪非常失败，他自以为幽默地夸奖女生"迷人"，"是自己的梦中情人"，就能赢得对方的好感。殊不知，这样的话对陌生异性来说过于轻浮，又怎能不引起反感呢？

与陌生异性搭讪是一门非常微妙的艺术，幽默又不失素养，巧妙地将自己的心意传达给对方，才不至于招人厌烦。如果你正为如何搭讪意中人而发愁，不妨让自己变得风趣幽默些。当你做到这一点了，会发现搭讪是一件非常美好、让人享受的事情，它可以让你第一时间赢得对方的好感，收获美好的爱情。

# 说好第一句话，好感瞬间提升

爱情需要甜言蜜语，这句话一点也没错。没有了甜言蜜语的滋润，爱情很可能无法持续太久。而除了甜言蜜语，幽默也至关重要。尤其是在爱情的萌芽阶段，第一句话往往决定了你能否俘获对方的芳心。

因为这个时候，女生大多比较矜持，不好意思明确地表达自己的爱意；还有很多女生心存疑虑，不知道男生是否喜欢自己，是否值得托付终身。这时，如果你能用幽默的方式表达自己的心意，展现自己的魅力，就能打消女生的顾虑，对你许以芳心。

其实，恋爱追求的往往是和对方在一起的感受，是内心的愉快和满足。至于说了什么甜言蜜语都无关紧要，很多时候人们不会太在意。所以，要想赢得美好的爱情，你需要在交谈时让对方感到轻松愉快，进而在愉悦中欣然接受你的爱。退一步讲，即便对方对你没有爱意，这种幽默的表白方式也会让对方忍俊不禁，对你产生良好的第一印象。

　　阿峰眼看就要三十岁了，可还没有合适的结婚对象。父母和亲戚都非常着急，想方设法为他张罗相亲的事情。其实，阿峰并不是找不到对象，只是因为工作太忙，没有时间谈恋爱。同时，他也觉得爱情不能将就，不能随便找一个人就算了。

　　不过，为了不让父母着急，他还是见了别人介绍的相亲对象王小姐。那天，他们约在一个咖啡厅见面。看到王小姐气质优雅地向自己走来，阿峰知道这就是他心中要找的人。王小姐非常自然地坐下，然后抱歉地说："不好意思，等很久了吧？"

　　阿峰微笑着说："没关系，你没有迟到。不过，我却迟到了。"

　　王小姐不解地看着他说："什么意思？"

　　阿峰幽默地说："其实，我们本应该早点认识的，可介绍人要求我们见面时，我工作实在太忙，所以才迟到这么多天。"

　　听了阿峰的话，王小姐脸上浮现出笑容，说道："没想到你还这么幽默。"

　　阿峰笑着继续说："那是，我本来个子不算高，长得没别人帅，要是不幽默点，怎么会有人喜欢？"

　　就这样，阿峰的幽默使这次谈话非常和谐、愉快，王小姐也对他产生了好印象，甚至芳心暗许。

这就是幽默的奇妙作用。幽默是爱情的催化剂，男女约会时，双方若能以幽默的口吻交谈，可使感情火速增长。所以，当你遇到心仪的对象，不妨尽情地展现自己的幽默和风趣。

# 别出心裁的表白，爱情的小花刹那盛开

现在非常流行"土味情话"，简单来说，就是那些又"土"又风趣的情话。

男：你为什么要害我呀？

女：害你什么了？

男：害我喜欢你呀。


男：你不累吗？

女：不累啊，怎么了？

男：你都在我心里跑了一天，怎么可能不累呢？


男：你知道世界上最冷的地方是哪里吗？

女：南极？

男：不是！

女：北极？

男：不是。

女：那是哪里？

男：没有你的地方。

我喜欢你已经超过两分钟，不能撤回了。

你是世界上最厉害的小偷，因为你偷走了我的心，让我无时无刻不想你！

很多人在传一个谣言，说我喜欢你。现在我要澄清一下，这不是谣言。

……

当然，这些"土味情话"并不仅限于男生对女生说，它们适合所有人对心仪的人说。很多人总是能被这些"情话"击中，欣然接受别人的表白。

为什么不呢？简单的"我喜欢你""我想你"，虽然真诚、朴实，却也死板，让人感觉索然无味。爱情需要浪漫和新鲜感，需要给对方制造不一样的感觉。这幽默的"土味情话"虽然有些土，但却别出心裁，能够让人会心一笑，怦然心动。

小郑漂亮、能干，是典型的职场女强人。大家都以为她会找一个比自己强大的男士恋爱结婚。然而，令所有人大跌眼镜的是，她的老公很普通，只是一名销售员。

很多人表示不解，问她为什么会爱上这样的男人。

小郑笑着回答说："他幽默风趣，能够让我享受爱情的浪漫。"

当时有很多优秀的男士追求小郑，她的老公是最不突出的一个。可是，他还是勇敢向她告白："我喜欢你。相信我，我会让你成为世界上第二幸福的人。"

"为什么不是第一幸福的人？"小郑质疑道。

他笑着说："这个第一你是抢不走的，因为有了你，我就是最幸福的人！"

他的幽默使小郑对他产生了好感，但并没有答应他的交往请求。本以为他会放弃，可是他又说："你没有意见的话，我就当你答应做我的女友了。"

小郑说："你是这样理解的吗？"

他笑着说："没错啊！要是你不喜欢我，应该早就拒绝我了。"说完，他故意模仿女性朋友的神态，脸一冷，手一指，然后说，"你会说：'我不喜欢你，请你不要癞蛤蟆想吃天鹅肉！'"

小郑顿时被逗笑了，反驳道："讨厌，我哪里是这样的！"

就这样，小郑接受了他的告白，两人谈起了恋爱。在恋爱的过程中，她老公总是妙语连珠，给她的生活带来了很多乐趣。比如，她因为工作问题而情绪低落，老公就会故意逗她："你现在不要想那个问题了！要不然，我就要生气了！"

小郑一脸问号："为什么？"

他说："因为你只想它，不想我！"

所以，幽默真的是世界上最美的语言，它不仅让你魅力十足、受人欢迎，更让你轻易收获爱情。甚至有些时候，幽默的人要比帅气、能力强的人更容易吸引他人。要不为什么有不少长得挺帅的男生，工作能力也不错，却每每情场失意？关键就在于，他们或者古板严肃，或者思维守旧，说不出有趣、有新意的话来。

让我们再来看看一个男生是如何向一位漂亮女孩表白的吧！

这位男生喜欢女生很久了，可一直没有机会与她认识，更别提表明自己的心意了。为了不错过心仪的女孩，男生想方设法寻找机会。这一天，机会终于来了，男生在一家面馆遇到了独自吃面的女生。

男生毫不迟疑地坐在女生对面，然后说："我时常在学校见到你，请问你叫什么名字？"

女生显然不愿意向陌生人透露自己的姓名，便顾左右而言他地说："牛肉面。"

男生幽默地说："好巧！我叫鸡汤面。我们肯定能成为朋友，人们不是常说'面面相处（觑）嘛！'"

女生见男生如此幽默，还故意将成语念错，不禁露出笑脸，与他交谈起来。后来，女生成为了男生的女朋友。

所以，遇到心仪的人，不要怯于表达。学会幽默地表达自己的爱意，和心仪之人幽默地沟通，你的爱情还会远吗？

# 会点打情骂俏，爱情永不滑坡

我们都希望爱情能保持新鲜和活力，然而，两个人在一起时间久了，爱情的多巴胺逐渐减少，关系自然慢慢平淡，甚至产生厌倦的感觉。

或许有人会说："爱情不可能长久，最终会归于平淡，变为友情、亲情。恋人或者夫妻变为亲人，相处得自由自在，岂不是很好？"这种想法是不对的。爱情不是友情，更不是亲情。爱情如果疏于经营和维护，就会出现裂痕，甚至走向失望。

所以，我们要努力让爱情保持新鲜，让它给你惊喜、浪漫和甜蜜。我们应该寻找让爱情保鲜的秘诀，寻找让爱情不滑坡的方法，尤其是恋爱、结婚多年的人，更应如此。

让爱情得以新鲜长久看起来很难，可一旦找到其中的诀窍，就会变得非常简单，概括起来只有两个字：幽默。

幽默地说一些令人心动的话，打情骂俏，爱情生活就不会枯燥、无味，多巴胺的分泌就不会迅速减少。更重要的是，这些简单的话语，能够不经意地增进你和爱人之间的距离，给爱情增添甜蜜和情趣。

一对年轻人恋爱三年，仍然如热恋期一般，时常甜蜜地在朋友们面前秀恩爱。一些朋友"酸"他们："你们'恶心'不？每天都在秀恩爱，真是太过分了！""知道你们恩爱，可也要考虑一下我们'单身狗'的感受啊！"

当然，也有不太熟悉的朋友询问他们："你们相恋这么长时间，如何做到如此甜蜜？"每当这个时候，朋友们便"嘲笑"地说："他们每天都打情骂俏，能不甜蜜吗？""小李就会'油嘴滑舌'，每天把小章哄得开心得不得了，让她整天都沉浸在爱河里。"

朋友们的话虽是调侃，却也道出他们三年来爱情甜蜜如初的奥秘。小李是一个幽默的男孩，平时对一些俏皮话、幽默段子可以说是信手拈来。在小李的影响下，小章也变得风趣起来，两人时常打情骂俏，你夸我我夸你，你损我我损你。

举两个日常的例子吧！一天，小李和小章正在公园约会，小章突然低声说："前面那个男生好帅，是我喜欢的类型。要是我年轻几岁，肯定要做她的女朋友。"

　　小李装作伤心的样子，撇撇嘴说："你这么喜新厌旧吗？难道我长得不帅吗？当初你说因为我长得帅，所以才愿意做我女朋友。好吧！既然如此，我也就不瞒你了。我们公司最近来了一个大美女，长得像……"

　　一听这话，小章就着急了，说道："不许你打别人的注意，你要发誓只爱我一个。"

　　小李耸耸肩，说："凭什么你可以看帅哥，我就不能看看美女？"

　　小章装作生气地说："哼，就不行！因为我就是大美女，你还看什么别的美女？"

　　小李笑着说："是吗？好吧！我发誓只爱你一个，以后绝不会看其他女孩。"

　　小章顿时眉开眼笑，说："那就好，这下我就可以放心地去追帅哥了。"

　　说完，她得意地大笑起来。小李看着女友恶作剧得逞的样子，也跟着笑了起来。

　　还有一次，他们约好到电影院去看电影。小章早到了十几分钟，就坐在休闲椅上刷手机。小李到了之后，并没有直接和她打招呼，而是买了一杯饮料和一桶爆米花，然后笑着走到她身边，说："美女，今天没有人陪我看电影，我可以邀请你吗？"

小章看了他一眼，说："不好意思，我在等我男朋友，不能接受陌生人的邀请。"

小李继续说："你男朋友有我帅么？他给你买饮料和爆米花吗？而且，哪有让女朋友等的男朋友？"

小章假装想了想，站起来说："好像真没有。好吧，我不等他了，我们一起去看电影吧。"说着，她接过饮料，挽着小李的胳膊走进放映厅。坐在她身边的男士看到这一幕，惊讶地瞪大了眼睛。

……

正是因为小李和小章时常打情骂俏，用幽默来调剂爱情，他们的爱情才比别人更甜蜜且长久。

爱情的关键就是彼此开心、愉悦。幽默的打情骂俏不仅可以让对方体会到自己的爱，还可以让对方高兴，从而激发爱意。所以，千万不要觉得爱情不需要幽默，两人在一起时间久了就不需要打情骂俏。不经意间，和对方逗趣一番，或者自我调侃一番，这样的打情骂俏比任何甜言蜜语更能增加爱情的情趣、活力和新鲜度。

就算恋爱、结婚许久，就算到了中年、老年，依旧保持着爱的能力，保持幽默的本色，爱情依然会让你心动。

# 化干戈为玉帛，用幽默化解争吵

　　婚恋中的两个人不可能一直和和美美，难免有锅勺相碰的时候，或是因为一件小事而发生争执，或是几句话说不到一起就争吵起来，或是遇到不顺心的事情而迁怒对方……

　　争吵甚至是冲突都在所难免。那么，吵架之后该怎么办呢？冷战？僵持到底？求和？低头认错？前两者都不可取，也很少发生。大部分人会在情绪平复之后选择求和，毕竟和爱人吵架是很小的事情，若不涉及原则问题，在最短时间内求和才不会伤害到感情。

　　但也有一些人不知道如何化解冲突，往往因为钻牛角尖或翻旧账而导致吵架升级，不仅无法解决问题，反而使事态进一步恶化。

　　比如下面这对夫妻的吵架过程：

　　妻子生气地对丈夫说："你简直不可理喻。这个问题我们明明已经讨论过了，不应该纵容孩子，你却一再娇惯他。"

丈夫："我知道这个道理，可孩子毕竟是孩子，你不能对他太严厉。"

妻子："他已经六岁了，应该立规矩，否则岂不成了'熊孩子'？"

丈夫："好吧，我知道了，可是孩子还小呢！"

丈夫还没有说完，妻子就打断他的话，生气地说："你总是说你知道了，然后继续找理由、找借口，这就是你所谓的知道了。这个问题非常简单，为什么你非要争论不休呢！"说完，妻子气愤地离开了，不再搭理丈夫。

从案例中可以看出，丈夫想要结束这场争吵，但他又有点爱钻牛角尖，非要再次强调自己的观点，以至于点燃妻子的怒火，使争吵升级。若丈夫能改变一下说话方式，问题就可以轻松得到解决。

比如转移话题或巧妙运用幽默，都可以让妻子消减怒气。当妻子责怪他纵容孩子时，他可以幽默地说："孩子还小，已经有你这个'严母'了，我就不做'严父'了，我们'严母慈父'的搭配岂不是很好？"当妻子说孩子会变成"熊孩子"时，他可以调侃道："他若成了'熊孩子'，我们可以做'熊管理员'啊！有我们的管理，他还能'熊'起来吗？"如此一来，妻子又怎会怒火中烧？即便不同意他的观点，也不会满脸怒气地离开。

当然，运用幽默来化解争吵的时候，要注意退让，不能和对方"针尖对麦芒"。否则，对方会把你的幽默看成"不正经""不正视问题"，效果适得其反。

最好的办法是，先让对方消气，然后再找机会讨论，问题就容易解决了。

这是因为，人在怒火中烧的时候，情绪是激动的，思维是混乱的，很难听进别人的意见，思索他人意见的可行性。当情绪平静下来、内心愉快起来时，即便他不太认同你的意见，也会因心情好而欣然接受。

明白了这个道理，当爱人生气了，我们就可以运用幽默让不快在轻松的氛围中消失，化干戈为玉帛，甚至增进感情。

　　一对夫妻因为小事而争吵，这本来没有什么大不了的，但因为两人都在气头上，就开始翻旧账：妻子说丈夫爱喝酒，丈夫说妻子不爱做家务；妻子抱怨丈夫懒惰，丈夫说妻子爱花钱……

　　两人越吵越激烈，妻子盛怒之下决定收拾行李离家出走。"这个家我待不下去了，我要回娘家！"说完，她就进了卧室收拾行李。

　　看到妻子如此生气，丈夫终于醒悟过来。他后悔地想：

本来没有什么大事，为什么要争吵得这么厉害！妻子真的非常不错，我为什么不能让让她呢？他决定主动认错求和。

当妻子拉着行李箱从卧室出来时，他立即喊住妻子说："等等，你真的要走吗？"

妻子不理他，继续往前走。丈夫大叫起来："你要走就把我也带走！你自己待不下的家，却让我一个人待，这算什么事？哼，你肯定是到岳母家享福，别想丢下我！"听了丈夫的话，妻子不由得笑了出来。

见妻子笑了，丈夫继续说道："走吧！我们一起去看看岳母吧！"

妻子假装生气地说："哼，我妈妈才不愿意看见你呢！"

……

随后，夫妻两人一唱一和地斗起嘴来，又恢复了之前的愉快。

天下没有从不吵架的情侣，爱情就是在一轮轮吵了又和、和了又吵的循环中升级的。而且，爱人之间的吵架不过是一时的情绪而已。只要抛弃争吵，学会用幽默风趣甚至搞笑的方式逗笑对方，争吵就会被轻而易举地化解。

所以，当你和爱人发生冲突和矛盾时，不妨多一些幽默，少一些较真，多一些轻松，少一些争辩。如此一来，生活中的不愉快就会慢慢减少，幸福和快乐则会逐渐增多。

# 赞美的话带点幽默，让对方飘起来

人人都喜欢被赞美，因为赞美能够满足人们天性中最强烈的渴求，让人们觉得自己非常重要。这种感觉使人内心产生一种满足感、愉悦感，从而更愿意和对方交流、亲近。幽默也是一种美好的语言，能够迅速让人对你产生好感，赢得青睐和喜欢。

如果把赞美和幽默结合起来，会产生怎样的效果呢？

不用想也知道，其效果将出乎人们的意料。把幽默融入对别人的夸奖，肯定会给人带来内心的双重愉悦，让人听得更舒心，甚至乐得合不拢嘴。对于外人是如此，对于爱人更是如此。

幽默地夸奖爱人，不会显得你是刻意讨好，反而会带有一些情趣和快乐，从而更合乎爱人的心意。比如下面这个有趣的故事：

小王相貌平平，妻子却是一个大美女。一天，小王和妻子一起到商场买衣服，并且为妻子挑选了一件非常漂亮的连衣裙。他看着妻子，笑着说："我的眼光真是太好了！穿上这件衣服，你简直就是仙女下凡啊！"

妻子被夸奖得有些不好意思，害羞地说："你快别瞎说了，让别人听见多不好！"

小王装作焦急地说："不对，不对，就是应该让人听见。我就喜欢看他们既羡慕又嫉妒的眼神，好像在说：'他这个癞蛤蟆怎么娶到那么美丽的天鹅！'"

妻子虽然嘴上责怪小王乱说，心里却乐开了花。

情侣之间如果说话总是一本正经，就会产生一种厌烦感和冷漠感，从而导致感情破裂。所以，我们总是强调，爱情需要情调和浪漫。这情调和浪漫是怎么来的？其实就是两人之间轻松幽默的氛围，你喜欢我、我钟情你的感觉。小王这种"逗趣"似的赞美方式，既让妻子开心，又让婚姻生活变得妙趣横生。

其实，爱情中不论是男人还是女人，都喜欢听赞美的话。当然，赞美的话说多了，难免会听腻，效果也会大打折扣。这时若能加上幽默，比之前更有特色、更有趣味，自然也会增加令人喜悦的效果。

比如，"你很美"是一句很普通的赞美，若加上夸张式幽默："遇见你之后，我就不想看其他女人了，因为我怕侮辱我的眼睛。""对不起，我刚才没有看见你，知道为什么吗？因为你的美让我睁不开眼睛！"听到这样的说辞，谁能不被打动？

当你对爱人发出这样的赞美："你很勤劳，把家收拾得一尘不染""你很有耐心，从来不对我发脾气"……或许你是真心，但内容却有些空洞，听起来有些敷衍。如果换一种幽默的方式："亲爱的田螺姑娘，你实在太能干了，我一天都离不开你！""你这么有耐心，让我怎么报答你，以身相许好不好？"这样的赞美既不会落了俗套，又能让爱人体会到你的用心和情趣，岂不是一举两得？

生活中，那些能赢得爱情且维持长久的人，总是能把赞美和幽默完美地结合在一起，或发挥想象力，或借鉴他人的幽默段子，把爱人哄得开心无比，成为爱情的赢家。

爱情中，赞美和幽默就是这么重要。巧妙地把幽默融入赞美之中，你的赞美之声便能像甘甜的蜜水流进对方的心里，让爱情的果实更加甜蜜。

# 技术性吃醋，爱情就应该酸酸甜甜

有人说："没有醋意的爱情就等同于没有灵魂的躯壳。""醋"是爱情中不可缺少的调味品，不管是男人还是女人，适当地吃些醋，可以让对方感到被在乎，虚荣心得到满足，进而促进双方的感情沟通，增加爱情的"浓度"。相反，如果不管对方做什么，你都不吃醋，就会让对方觉得你不是真的爱他，爱情因此慢慢变得寡淡，甚至走向消亡。

当然，吃醋也是有技巧的。不分场合地吃醋，说一些不适当的话，甚至大吵大闹，只会引起对方的反感，同时让自己下不来台。严重的话，还可能伤害彼此的感情，使对方不再愿意亲近你。

生活中很多爱吃醋的女人，一旦发现男友或丈夫看其他女性，就会当场大吵大闹："为什么总是看别的女人？你根本不爱我！""你太过分了，竟然当着我的面看美女！"试想，这样的吃醋让人怎么忍受?

聪明的女人会吃醋,但绝不会通过大吵大闹来表达自己的不满,而是表现出自己的智慧和大度。比如用撒娇的方式表达抗议:"哼,我吃醋了。你有了我,竟然还看美女,我好伤心啊!"或者用幽默的方式来提醒:"我今天打扮得不漂亮吗?要不,你的眼睛怎么跟着别的女人走!"这样的表达是不是更好呢?

爱情是自私的、排他的,适当地吃醋在所难免。但是,我们千万不能因为吃醋而情绪失控,说不该说的话,做不该做的事,从而失了风度和素养,也失了爱人的尊敬和信任。

只有技术性地吃醋,幽默地表达自己的情绪,这"醋"才能成为爱情的调味品,让爱情变得酸酸甜甜。在这方面,年轻女孩小周做得非常好。

小周和男友恋爱已经两年多了,虽然其间免不了小吵小闹,可他们依旧非常恩爱甜蜜。他们爱情长久甜蜜的秘诀就是小周很"会"吃醋。

男人都是视觉动物,遇到美女,哪怕没有别的想法,也会看上几眼。每当这个时候,小周便会假装不高兴地说:"哼,她有我漂亮吗?要知道,我可是学校有名的大美女!"或者故意兴奋地说:"哎,大美女,我得好好看看!"

她这种幽默的反抗总能引起男友的注意,然后高兴地哄着她："在我眼里，你是最漂亮的，谁都比不上你！"因为他知道，小周之所以吃醋，是因为在乎自己、爱自己，所以他更加疼爱小周。

小周不仅吃美女的醋，有时还故意吃男友工作的醋。有一次，男友忙于工作，好几天不和她联系、约会。她故意可怜兮兮地说："我的男朋友是不是被抢走了？要是被哪一个大美女抢走，我还能好过些，可是他竟然被枯燥无味的工作抢走了，我真是太冤了！"

男友被她的"无厘头"逗得哭笑不得，只能愧疚地安慰她说："不好意思，我这段时间实在太忙了。过几天我就清闲了，到时再好好补偿你，好吗？"

小周也不无理取闹，痛快地说："那你得请我吃大餐，以弥补我内心受到的伤害。"男友不仅痛快地答应了小周的要求，还很感谢她的善解人意。

试想，如果小周像有些女人那样，和男友吵闹，埋怨男友只知道忙工作而不陪自己，结果还会这么愉快吗？当然不会。或许他会耐心地劝导一两次，次数多了，就会感到厌烦。

所以，技术性地吃些小醋，是高情商的体现。这不仅适用于女人，也适用于男人。这些小醋就是爱情的调味品，不仅可以让两人的感情越来越好，还能增添爱情的情趣。

那么，除了需要注意说话的方式，用幽默的方式表达自己的情绪，我们还应该怎么做呢？

其一，吃醋要注意场合。简单来说就是，不能不分场合地吃醋，当着对方朋友、领导的面胡闹，这样只会让双方都下不来台，影响感情。

其二，吃醋不是胡乱地怀疑。爱情的基础是信任，适当地吃醋可以增加感情的浓度。若你总是因为无端怀疑而吃醋，比如怀疑对方和同事暧昧不清，不允许其与异性来往，只会让对方认为你对他（或她）毫无信任，导致爱情走向死亡。

# 第八章　与家人乐陶陶

开门七件事，没有幽默不成日子

- ☑ 要想家庭融洽，少不得幽默润滑
- ☑ 亮出幽默感，不再吵翻天
- ☑ 教育"熊孩子"，幽默更有效
- ☑ 幽默式沟通，哄好"老小孩"
- ☑ 家务轮流做，幽默来帮腔
- ☑ 幽默是最好的"安慰"

# 要想家庭融洽，少不得幽默润滑

有人说："没有幽默感的家庭就像一座旅店。"这话可能有些偏颇，却道出了幽默对于家庭的重要性。它是让我们的生活摆脱枯燥甚至痛苦，让我们从内心快乐起来的法宝。

有时生活很平淡，若能给这平淡增添一丝幽默和趣味，日子就会过得更加舒心。

人们常说，家不能缺了温暖，因为有了温暖，家就是我们遮风避雨的港湾。同样的，家不能缺了幽默，因为有了幽默，家就是我们快乐的源泉。而且幽默也是最好的润滑剂，它能增进家人间的感情，减少家人间的摩擦，让家庭更加融洽、和谐。

所以，一旦与家人发生冲突、摩擦，不要怒目相对，更不要非得争个是非曲直。家是一个讲情的地方，不是讲理的地方。即使你证明自己是正确的，又能如何呢？家人之间的关系疏远了，心与心之间有了隔阂，岂不是得不偿失？

　　与其如此，不如用乐观的心态看待问题，用幽默的方式化解矛盾，到那时，你会发现所有的不愉快都迎刃而解。

　　　　小赵的母亲有些强势，妻子也不是愿意听别人差遣的人，所以婆媳矛盾一触即发。

　　作为两人之间的纽带，小赵内心是偏向妻子的，因为他觉得妻子一个人嫁到这个家，需要自己的支持和照顾。但他越是如此，母亲越觉得心里不舒服，对妻子的意见也越大。好在小赵的父亲是个聪明人，用一两句话就解开了其中的矛盾。

　　一天，小赵的妻子和母亲都有些不高兴，小赵回来后，有些急躁地问道："妈，你是不是又为难菲菲了？"

　　母亲一听就生气了，想大骂小赵一顿。她还没有说话，小赵的父亲就拿起苍蝇拍，拍了小赵一下，然后训斥道："你这孩子，怎么和我老婆说话呢？我都没和我老婆这样说过话，你是不是想挑战我？要知道，她可是我家老大。"

　　小赵被父亲的话说愣了，刚想要反驳，父亲又说道："你管好你们家老大，我管好我们家老大，咱们谁也不干涉谁，好不？"

　　一席幽默的话，淡化了婆媳之间的矛盾，消除了紧张的气氛，还有妙趣横生之感。更重要的是，他这番话既让小赵知道自己对母亲的态度有问题，又让妻子明白儿子已经成立小家，自己不应该多加干涉。接下来，小赵家的矛盾自然得以消除，家庭变得更加和睦。

萧伯纳说："幽默就像马车上的弹簧，没有它，一块小石子就让你很颠簸。"想要家庭幸福和睦，少不了幽默的润滑和调剂。如果家庭成员不懂得幽默，一不小心就会使小矛盾升级为大冲突。相反，如果家庭成员懂得幽默，即便只有一个人幽默感十足，那也可以从中调解，化解一触即发的矛盾。家庭成员越是有幽默感，彼此间的关系就越和睦，家庭生活就越幸福。

所以，在给家人关心的同时，再多给一分幽默吧！如此，我们才能把家营造成幸福快乐的港湾。

# 亮出幽默感，不再吵翻天

在家庭生活中，争吵是难免的。一次无心之过，就可能引来对方的"炮火攻击"；一点意见不合，就可能激动地争吵起来；甚至一句抱怨，也可能使对方情绪失控。

争吵发生时，双方的情绪必定是失控的，言语必然是激烈的，甚至还可能说出伤害对方的话，做出令自己后悔的事情。尽管谁都不愿意看到不好的结果，但如果我们不能控制自己的情绪，及时熄灭争吵的"火焰"，必将烧伤两人，祸及婚姻。

不要觉得这是危言耸听，事实上，生活中很多原本恩爱的夫妻就因为不断争吵而感情破裂，之后更是渐行渐远。

晓东和小宋结婚几年了，开始两人感情很不错，小宋为人有点任性，而晓东脾气有些急躁。恋爱的时候还没有什么，结婚后，随着琐事的增多、压力的增大，他们时常发生争吵，今天为了谁洗碗谁做饭，明天为了买不买某个东西。不过，这些还只是小打小闹，因为两人非常恩爱，吵过之后没多久就又和好了。

然而，随着时间的推移，小宋的任性没有丝毫收敛，晓东渐渐认为妻子是在无理取闹。两人越来越不懂得控制自己的情绪，越来越不在乎对方的感受，于是争吵开始升级，感情也慢慢变淡。

后来，在一次大吵中，他们说出了不可挽回的话，婚姻也走到了尽头。事情是这样的：那天，晓东将公司的一份重要文件带回家整理修改，准备第二天交给领导。可小宋却嫌晓东不帮自己收拾碗筷，吃完饭后就在书房里"躲清闲"。或许是因为心情不好，或许是情绪所致，小宋生气地抱怨着，诉说晓东的不是，埋怨晓东的"直男"表现。

晓东一开始还耐心地解释，说自己正在忙工作，手头的文件非常紧急，可小宋根本听不进去，不依不饶地吵闹。晓东本来就因为文件的事情着急，听着小宋没完没了的抱怨，火气立即涌了上来，怒吼道："你有完没完，真是烦死了！我当初真是瞎了眼，娶了你这样蛮不讲理的人。"

这下小宋更加生气，竟然冲到书房，把晓东的文件撕得稀巴烂。结果可想而知，两人发生了激烈的争吵，晓东因为情绪失控打了小宋一巴掌，小宋则疯狂地还击……

最后，事情变得不可控制，两人以离婚收场。

　　的确，没有谁能真正忍住怒火，尤其是情绪失控的时候。但是，我们完全可以避免情绪失控，不管是控制他人还是控制自己。

　　当争吵还没有升级时，利用巧言妙语去"灭火"，双方就不会口无遮拦，夫妻感情就不会朝恶劣的方向发展。要做到这一点，关键在于一方能主动打破僵局，以巧妙的方式来求和。

　　这很难吗？并不难。要知道，爱是宽容和无私的，夫妻之间的争吵本来就没有对与错，也很少涉及原则性问题。一句幽默的调侃，一个有趣的玩笑，就可以让对方露出笑脸，忘记争吵。

　　生活中有很多幸福的夫妻都是"吵着过来的"，只是他们知道如何主动请求对方的原谅，让对方的"炮火"尽快停止。所以，即便出现了争吵，他们也能尽快恢复甜蜜的关系，丝毫不影响家庭和睦。

　　我们来看看下面这个男人是怎么做的：

　　一天，男人外出和同事应酬，临走前答应妻子十点前回家，结果深夜十二点多才到家。第二天，男人理亏地向妻子认错，妻子根本不愿搭理他，男人只好转而和小狗玩。

　　过了一会儿，妻子突然喊道："喂，你不要搭理那头蠢猪。"

　　男人看了妻子一眼，心想自己明明在和小狗玩，妻子怎么提到猪呢。很快他就明白过来，原来妻子是在骂自己是一头蠢猪。但他故意装作不知道，站起来拉着妻子的手，笑着说："亲爱的，你是不是被我气糊涂了？我明明在和小狗玩，这里哪有什么猪？"

妻子见他嬉皮笑脸地讨好，一把甩开他的手，没好气地骂道："你就是一头蠢猪。"

男人这下笑得更加开心，说："我们是夫妻，在一起生活了这么多年。如果我是蠢猪，你是什么？一头漂亮的母猪吗？要是我们生了孩子，是不是就是小猪了？"

妻子一下子被气笑了，骂道："你才是大蠢猪，我才不是呢！"当然，她的怒气也消失了。

男人破坏和妻子的约定，势必惹得妻子火冒三丈，要是换作其他夫妻，肯定躲不过一顿大吵。这个男人很聪明，知道自己做错了事情，所以在妻子发怒时聪明地用幽默来应对，瞬间就把即将点燃的"火药"熄灭了。试想，如果不懂幽默，在妻子嘲讽他时也回击过去，一场争吵肯定就无法避免了。

所以，幽默是非常有效的"灭火器"，在争吵前或争吵时亮出幽默，就不会吵起来。它比无休止的争论更有效，比不厌其烦的讨好更有用。而且，越是听起来不伦不类的话语，越能激起人们的心理反差，产生一种滑稽可笑的效果，让人忍俊不禁、怒气顿消。

所以，如果你不想吵翻天，不想伤害感情，适时亮出幽默吧！

# 教育"熊孩子"，幽默更有效

　　成功的家庭教育，离不开家长与孩子之间的高情商沟通。什么样的教育方式才算得上是高情商，能够让孩子不排斥、不逆反，而是心悦诚服地接受呢？

　　这听起来是不是很难？孩子本是顽皮的，喜欢按照自己的想法做事，尤其是处于青春期、叛逆期的孩子，根本就不愿意接受父母的管教。不管父母是耐心说服还是严厉训导，都会让孩子觉得父母是在限制自己。在这种想法的影响下，孩子会变得越来越不听话，越来越"不长记性"。

　　不过，如果父母给予孩子的教育是快乐、幽默的，上述问题就不会存在。当父母把批评裹上一层糖衣，孩子就会主动吃下；把说教变为诱导，孩子就可能乐于接受。

有个小男孩非常调皮，不愿意听从父母的管教，有时还故意做些"坏事"来惹大人生气。一天，家里来了客人，大人们都热情地招待客人，因此忽视了小男孩。

为了吸引家人的注意，男孩竟然故意喝了父亲书桌上的墨水，这下奶奶和妈妈可急坏了，立即想要把孩子送进医院。父亲在确认孩子所喝的墨水不足以损害身体健康之后，阻止了奶奶和妈妈的行动，想要给孩子一个教训。他把孩子叫到身边，平静地问道："你真的喝了那瓶墨水吗？"

男孩仍然没有认识到自己的错误，他吐着舌头，做着鬼脸向父母炫耀。这时，父亲笑着对孩子说："虽然你喝的墨水不足以让你生病，可是墨水在肚子里也没有什么好处，不如这样吧……"父亲一边说话，一边从书桌上拿来几张吸墨纸，递给男孩："这吸墨纸的吸墨效果非常好，你把它们吃下去，这样墨水就不会留在肚子里了。"

听了父亲的话，全家人都不由自主地笑了出来，小男孩则再也得意不起来。

男孩的父亲非常聪明且幽默，他知道少量墨水不至于让孩子中毒，便用这种近似捉弄的方法来教训孩子。正是因为他运用了幽默的教育方式，孩子才记住了教训，不敢再做类似的傻事。

试想，如果这位父亲严厉地训斥孩子，严禁他无理取闹、惹是生非，结果会怎样？孩子也许会把这次教训当做耳旁风，或者产生逆反心理。

　　要知道，教育的目的不是批评和管教，而是让孩子通过学习有所成长。既然轻松、幽默的方式能够起到很好的效果，为什么我们非要使用严肃、严厉甚至否定性的话语呢？不管面对多大的孩子，如果只图一时之快，不是大加批评或指责就是命令或指挥，极易造成沟通的不顺畅以及孩子心理上的排斥，导致教育难上加难。

　　幽默的教育，虽然方法比较间接，效果也不那么明显，但却能让孩子感到尊重、快乐、关爱，从而更愿意反省错误，接受父母的教育。

　　作为家长，如果我们想让孩子心甘情愿地接受自己的教育，就不要把幽默都用在他人身上，也分一些给自己的孩子。用幽默的语言来教育孩子，让孩子在"玩笑"中悟出道理，何乐而不为呢？

# 幽默式沟通，哄好"老小孩"

生活中，每个人的性格和处事方式均有所不同，即便是一家人，也会有性格和处事风格的差异，比如老年人性格沉稳、固执，观念保守，而年轻人性格张扬、随性，观念新潮。正因为如此，很多时候，年轻人觉得家里的老人固执无比，讲不通道理；老人则觉得年轻人没有规矩，不懂得尊敬老人。于是，就像火星撞地球一样，家里的矛盾就产生了。

其实，很多家庭本身并没有大问题，只要一方能够退让一步，所有问题都能大事化小、小事化了。问题在于，有的时候老人拉不下面子，年轻人又得理不让人，结果导致小事变成了大事，闹得不可开交。

那么，如何才能打开这个结，解决类似的问题呢？

我们先来看看下面这个年轻人是如何做的：

　　琪琪和小方新婚燕尔，生活非常甜蜜。刚刚进入这个家庭，琪琪和婆婆在很多方面有些冲突——婆婆一辈子吃了不少苦，虽然现在生活条件好了，可她已经习惯了节俭。琪琪从小娇生惯养，是家里的小公主，花钱大手大脚，性格也有些娇气和任性。

　　一开始，婆婆每次说琪琪，她都会有些情绪，甚至觉得婆婆是在挑刺儿。后来，听老公说了婆婆吃的那些苦，她不禁心疼起婆婆，不再和婆婆闹情绪，反而用幽默的方式哄起婆婆来。

　　比如，琪琪买了新衣服，婆婆说琪琪乱花钱，琪琪就会用撒娇和幽默的口吻说："妈妈，我没有乱花钱。这件衣服最近打一折，所有人都在抢购。我一想，这个便宜别人都占，我不能不占，于是就给咱俩各抢了一件！"

　　听了这话，婆婆哭笑不得地说："这么说，你还占便宜了！"

　　琪琪笑着说："那是当然！"

　　再如，婆婆口味比较重，炒菜放的盐比较多。之前，琪琪都会偷偷地向小方抱怨，希望他能提醒一下婆婆。但经过多次提醒，婆婆依旧没有改掉这个习惯。这天，婆婆熬的鸡汤实在太咸了，琪琪故意捏着嗓子说："老公，妈妈是不是觉得我最近喝水比较少？"

小方和婆婆都好奇地看着她，不知道她为什么这么说。琪琪故意可怜兮兮地说："妈妈为了让我多喝水，这才故意往鸡汤里多放些盐。不行，为了不辜负妈妈的好意，我现在就得去喝水！"

由于琪琪总是用轻松幽默的方式和婆婆沟通，而不是直接和婆婆顶嘴，慢慢地，婆婆也有了很大改变，婆媳之间的关系越来越好。这个家也因为婆媳之间关系和睦，充满了欢乐。

由此可见，只要找到合适、恰当的沟通方式，老人和年轻人之间所谓的"结"也可以轻易解开。这个方法不是别的，就是幽默。略带幽默式的撒娇，往往能突破老人的心理防线，让他们心甘情愿地接受你的建议，甚至可以把他们哄得"乖乖的"。

比如，老人喜欢干预年轻人的生活，你可以幽默地说："妈妈，我是不是给你买个遥控器，这样你就可以遥控我的生活了！"

有时还可以在夸奖中融入风趣的语言，在老人面前多说一些好听的，这样更容易让老人心花怒放。毕竟谁都喜欢听夸奖和赞美，谁都希望得到别人的肯定和支持。

《红楼梦》里的王熙凤是个聪明又幽默的女人，最善于把夸奖融入幽默的言语，让贾老太太听了乐不可支。

　　贾老太太年轻时摔过一跤，鬓角上留下一个不大不小的窝儿，这却成了王熙凤夸奖老太太的题材。她开玩笑地说："老祖宗从小就好福气！这鬼使神差地就碰出个窝儿来，就是要盛福寿的。就好比寿星老儿头上的凸起一样，因为万福万寿盛满了，所以倒是凸出来了。"

　　王熙凤这番话看上去是调侃老太太的窝儿，实际上却是说她有福气、能长寿。谁听了不高兴呢？

　　不要觉得老人不好沟通，也不要觉得摸不透老人的心。虽然老人的性格、处事和年轻人不同，但只要我们用点心、动点脑筋，巧妙运用幽默风趣的沟通方式，老人就会像小孩一样好哄。

# 家务轮流做，幽默来帮腔

中国传统的婚姻家庭模式是"男主外，女主内"，所谓"内"就是家务、杂事、管教孩子等。随着社会的进步，丈夫考虑到妻子上班同样辛苦，所以会主动为妻子分担家务，但在部分家庭中，家务活还是落在了妻子身上，甚至有些丈夫一下班就做起了"甩手掌柜"，什么事情都不愿做。

于是，妻子开始抱怨"家里垃圾成堆，你都视而不见""从来都不收拾房子，还喜欢乱丢东西""为什么我每天这么累，你却一点忙都不愿意帮"……丈夫则嫌弃女性爱唠叨、爱抱怨，反驳"做家务本是女性应该做的""我整天上班都累死了，还逼我做这做那"……

就这样，家庭矛盾爆发了。夫妻俩因为做家务这样的小事互相埋怨，争吵不断。且不说丈夫该不该分担家务，妻子和丈夫沟通的方式——抱怨、逼迫，不仅起不到作用，而且会让丈夫心生厌烦。如果妻子聪明一些，采用幽默的方式来沟通，不仅可以避免矛盾，还会让丈夫不自觉地钻进"圈套"，主动承担一部分家务。

一对刚结婚的小夫妻，对于谁做家务产生了分歧。丈夫理所当然地说："女人做家务是天经地义的事情，我们家的活都是我妈妈做的。"妻子笑着说："那你妈妈真是太伟大了。不过，我只是个渺小的人物，做不出伟大的事情。"

丈夫依旧不甘心，说："我从来不会做饭，做的饭肯定难吃。"

妻子依旧不生气，笑着说："没事，我不嫌弃你，更不会嫌弃你做的饭。"说完，妻子稍稍停顿一下，故作神秘地说："你知道我为什么非要你做家务吗？并不是我想要偷懒，而是完全为了你好。"

丈夫不明所以，妻子继续说："我听人说，爱做家务的丈夫寿命都非常长。"丈夫惊讶地问道："为什么？"妻子笑呵呵地说："因为被老婆打得少啊！"

听了妻子的话，丈夫简直哭笑不得，但开始改变观念，学着做家务，洗衣做饭。

不过，男人大多是懒惰的，并不是每一次都愿意行动，但妻子总是能够用幽默让他高高兴兴地行动起来。有一次，妻子下班后看见丈夫正躺在沙发上玩游戏，衣服随便扔在沙发上，晚饭也没有做。看到这样的情形，妻子说："现在已经七点多了，你为什么还在玩手机、不做饭？"

丈夫有些不满地说："为什么你不去做饭？我上班累了一整天，不想做饭。"

妻子没有生气，笑着说："那好吧，我也休息一会儿吧！"

丈夫立即讨好地说："休息一会儿，你就去做饭吗？"

妻子摇着头说："不，既然你不仁，小女子只能不义了。休息一会儿，我回娘家吃饭。"

听了妻子的话，丈夫不自觉地笑出来，随即说："咱可不能当不仁不义的人！我们一块做饭吧。"就这样，夫妻俩走进厨房，妻子炒菜，丈夫打下手，做了一顿丰盛的晚餐。

还有一次，妻子在家里搞卫生，扫地拖地，丈夫则悠闲地看着电视，毫无出手帮忙的打算。妻子不失时机地说："老公，你是咱家的一家之主，对不对？这房子的大部分产权属于你，是不是？你是不是也应该行使自己的'权利'，打理它们啊？要不然，它还认识你这个主人吗？"

丈夫听了妻子的话，站起来说："让我干活就说干活，还说什么行使'权利'，哼！"

妻子哈哈大笑："我这不是为了尊重你这'一家之主'嘛！"

丈夫说："你这是套路我！"

　　虽然丈夫知道妻子每次都是套路自己，可是他仍然心甘情愿，就是因为妻子没有指责和抱怨他不干活，也没有逼迫他做家务，而是借用幽默、调侃表达自己的想法，激励他分担家务。面对这种幽默的表达方式，谁能不被打动呢？

　　由此可见，女性越是情商高，懂得幽默，丈夫就越勤快，懂得心疼妻子；女性越是抱怨、指责，不懂得良性沟通，丈夫就越懒惰，把所有的事情都推给妻子。

　　所以，聪明的妻子懂得与丈夫沟通的技巧，会用巧妙的方式来表达自己的需求，使丈夫不再带有排斥情绪，更愿意参与到家务中来，实现"你耕田来我织布，我挑水来你浇园"的美好愿景。更重要的是，它还可以增加我们的生活情趣，品味不一样的幸福滋味。

# 幽默是最好的"安慰"

当家人遇到伤痛和不高兴的事情，我们的第一反应就是给予安慰。问题是，如何安慰才能起到最好的效果？

有些人心怀好意去安慰别人，却因不懂得说话技巧，到头来不仅没有起到安慰的作用，反而惹得对方不高兴。安慰的人不明所以地抱怨："我好心安慰，你却不领情，真是'好心当成驴肝肺'！"对方则生气地想："我都这么伤心了，你却说风凉话，真是太过分了！"

生活中类似的情形时常上演：

一位男士最近体检，发现肺部有一些阴影，医生怀疑是肿瘤，嘱咐他到医院好好检查一下。这位男士有些忧心忡忡，生怕自己得了恶性肿瘤。他的儿子得知此事，安慰说："爸，就算是肿瘤也没什么。我们单位一个同事前段时间也得了肿瘤，虽然是恶性的，但好在是初期，现在做了手术，已经没有什么大碍了。"

听了儿子的话，男士生气地骂道："你这个臭小子是恨不得我死吗？竟然咒我得恶性肿瘤，真是太不孝了！"

儿子大声地反驳："我哪有？我这是关心你！"

男士哪肯再听儿子的话，气呼呼地把他轰出了家门。

这儿子不关心父亲吗？当时不是！他的目的是安慰父亲，让父亲放宽心，不再为肺部阴影而担忧。但他不注意说话分寸，提及父亲最担心的情况，当然令父亲反感、愤怒了。所以，安慰家人的时候，一定要站在对方的角度思考问题，知道什么该说，什么不该说。语言须起到宽心的作用，让对方尽快脱离痛苦和悲伤。

比如，家人生病了，你安慰他"安心休息，这病很快就会好""不用担心，你身体这么好，没什么大问题"，确实能起到安慰的作用，但却无法让对方的内心变得愉快。若把普通的安慰换成幽默的话题，对方不仅可以得到安慰，还能感到愉快和轻松。比如说："好好休息，没几天，你就又像牛一样健壮了。""我真羡慕你，可以休息几天。我也想生点小病，这样妈妈就不会再对我'狮子吼'了。""老公，你是不是故意偷懒？快点好起来，家里还有很多活需要你做呢！"

可以说，幽默就是最好的安慰剂。很多时候，它比十句严肃的安慰更有效果。当然，如果家人的病情比较严重，上面的玩笑话就不适合了，需要换一种方式安慰病人的心。

需要注意的是，幽默的最终目的是关心和安慰家人。若把关心以玩笑的形式和嘲讽的口吻说出来，把安慰以调侃和反话的形式表现出来，即便是最亲密的家人也可能反目。

比如，妻子正在为身体发胖而发愁，你开玩笑地安慰她："没事，反正你瘦了也不怎么好看！"这样的安慰，妻子能高兴吗？再如，孩子考试没考好，你调侃说："没考好就没考好，反正我也不指望你考好！"这样的安慰，孩子听着能舒服吗？

幽默的安慰是善意的，是为对方着想的，不仅要起到安慰的作用，更应该让人听着舒服。这样的安慰才是最有效果的，也最能感动对方。它不仅体现了一个人真正的幽默感，更体现了其对家人发自内心的爱、尊重和理解。当你的幽默是真实内心的自然涌现时，对方会心一笑之后，也会体会到你发自内心的真切情感。正是这份情感，让整个家庭更加幸福、温馨和快乐。

无论何时何地，幽默都是一种智慧、一种才华、一种力量。学会用幽默的力量驱逐家人的烦恼，用风趣的语言给予家人最大的支持，如此一来，和谐和愉快将始终伴随你和家人左右。